算命，和你想的不一樣！

算命，和你想的不一樣！

誰說算命都是統計學？

來自百年命相館的占星師告訴你，
人生好壞都是自己走出來的！

天空為限——著

最猛職人.20 誰說算命都是統計學？

作　　者　天空為限
封面設計　柯俊仰
美術編輯　劉桂宜、吳佩真、李緹瀅
特約編輯　簡淑媛
主　　編　高煜婷
總 編 輯　林許文二

出　　版　柿子文化事業有限公司
地　　址　11677臺北市羅斯福路五段158號2樓
業務專線　（02）89314903#15
讀者專線　（02）89314903#9
傳　　真　（02）29319207
郵撥帳號　19822651柿子文化事業有限公司
投稿信箱　editor@persimmonbooks.com.tw
服務信箱　service@persimmonbooks.com.tw

業務行政　鄭淑娟、陳顯中

初版一刷　2012年09月
二版一刷　2020年08月
定　　價　新臺幣360元
I S B N　978-986-98938-5-5

歡迎走進柿子文化網 http://www.persimmonbooks.com.tw
～柿子在秋天火紅 文化在書中成熟～

國家圖書館出版品預行編目 (CIP) 資料

誰說算命都是統計學？/ 天空為限著 . -- 二版 . -- 臺北市
: 柿子文化 , 2020.08
面； 公分 . -- (最猛職人 ; 20)

ISBN 978-986-98938-5-5(平裝)

1. 命書

293.1　　109009484

不可思議的算命故事，發人深省的神祕學觀點

艾菲爾／星座塔羅老師

身為神祕學世界的一份子，我很高興可以為天空為限的書做推薦。

本書提到許多不可思議的算命故事，確實發人深省。神祕學的知識與直覺其實並不完全是靠後天學習而來的，有時候甚至很大的一部分是來自占卜師本身的累世經驗與記憶，很高興作者可以在書中分享她對神祕學的觀點，同時引領每一個讀者進入那超越時空、橫跨時間之河的神祕之境。

正確的命運態度，健康的神祕學

蔡至欣／作者表哥＆蔡逢時擇日命相館　第五代

二〇二二年六月初，突然接到小妹傳來的訊息，邀請我為她的新書發表一點意見。當下聽到，腦袋是一片空白，因為小妹專精於西方占星術，而我學的是東方道教命理學，實在很難替兩者找出共同的交會點。就在我猶豫的時候，小妹建議我先看完她的新作後再來思考如何為這本新作留下一點意見。

看完小妹給我的部分資料後，很清楚地了解——原來，我們學的東西，雖然看似雷同，卻又截然不同，但也不能否認，的確有著相同的根本。

期待透過小妹的新作，可以帶給對命理學這個充滿神祕色彩行業感到疑惑的朋友，有更正確的認識！

一個將直覺系統化、邏輯直覺化的神祕學導師

Ruby／ＩＦＡ認證芳香治療師、生命密碼諮商師

算命對臺灣社會來說，幾乎可說是全民運動，就連小學生都能清楚說出自己是什麼星座，也因此命理老師特別多。人之所以喜歡算命，是因為深信人的命運牽動著一生的走向。人是群居動物，因此每個人的生活都會不由自主地受到其他人影響，做出不同的決定，產生不同的命運。因此心理學大師——榮格提出了「集體潛意識學說」，簡單來說便是：每個人的潛意識都是共通、共有、共享的，所以每個人的命運也與其他人息息相關。我們每天依循著大眾認可的通則過日子，使社會得以井然有序；如果占卜是一種集體潛意識的顯化，那麼解讀占卜結果是不是就必定會有一個可依循的邏輯呢？

有別於多數占卜師說他們靠「直覺」解牌，天空老師十分強調她用「邏輯」解牌。其實，就我個人的學習經驗，直覺與邏輯並不衝突。多數人分不清楚直覺與第六感的差別，我認為第六感比較接近靈感，而直覺是一種下意識並且不假思索的反應，所以會比較接近經驗

或知識的累積，在腦中早已藉由潛意識自動系統化歸類好了。當天空為限老師說她都是用邏輯解牌時，我總是笑著說：「其實妳還是用直覺啦！」只要夠清楚每張牌的本質，就能掌握各張牌組成的邏輯，邏輯自然也能直覺化。當經驗多到能變直覺時，直覺自然就能系統化成邏輯，所以邏輯與直覺其實一點也不衝突，不是嗎？

韓愈〈師說〉一文提到：「師者，所以傳道、授業、解惑也。」正因為每個人的生命藍圖都是獨一無二的，當你在追求個人的靈魂成長時，命理師所能提供的幫助只是為你解讀在喝下孟婆湯之前，為這一世設下了什麼樣的阻力與助力，讓你更能全盤地了解自己、掌握命運，誠如天空為限老師書中所提到的：「人絕對沒辦法抹煞、否定掉自己與生俱來的本質，所以不可能簡單輕易地就發展出不符合自己命盤能量的特質。」

就像很多靈修活動稱老師為「帶領人」，我更喜歡稱呼天空為限老師為「導師」，因為在我眼裡，老師教導的是更重要的學習方式，他可以不必是學問最淵博的人，但必須懂得引導學生找到適合的學習之路。天空為限老師一向鼓勵學生問問題，因為她認為懂得問問題的學生，才能真正學會，所以她也從不藏私，每問必答。

希望這本書的出版能夠為想從事命理工作的人樹立正確的工作觀，並且為社會大眾破除一些長久以來以訛傳訛、積非成是的錯誤觀念，以健康的態度來看待占卜在人生中所能提供的協助。

推

學生迴響

「命運究竟是怎麼一回事？」這是許多人畢生都在追問的一個問題，尤其是當人處在逆境的時候。天空為限老師的這本新書幫助我們揭開許多關於命理的迷思，同時又教導我們如何以謙卑的態度來面對生命中看似不順遂的境遇，因為那些挫折與痛苦的背後往往是要指引我們探求一幅更大的生命藍圖。

——Sophie，塔羅占卜師

因工作關係，我和多位檯面上大家吹捧崇拜的明星級命理大師，以及檯面下堪稱神機妙算的東西方命理老師，或交談、或學習、或合作，但從未有一位如天空為限老師這般家學淵源、料事如神，既不依直覺打迷糊仗，也不靠問事者的反應隨機猜測拼湊。把命理說得如此精準又言之有理，天空為限老師絕對是第一人！

——Vicky，曾任命理雜誌總編輯

若只能用一個詞來形容天空為限的話，我會選擇「犀利」兩字。那種敏銳的洞察力和思考力，是我最欣賞她的地方。通過這本書，她與我們分享成就今日之她的過去種種。雖然是個體經歷，但我期盼著可以發現它所蘊含的「一般結論」，即所謂的「羅馬」。

——木蘭，美國西雅圖讀者＆化學博士

╱會認識天空為限老師，是因為看了她的書，並且深深受到吸引。她總是能用簡單的三言兩語，表達一個龐大的概念，又讓人如此清楚明瞭。要具備如此的能耐，除了表達能力好之外，還需要對事物有所體悟才辦得到，這也因此讓我對天空為限的經歷及背景感到非常好奇。本書可以看到天空為限老師學習命理的歷程及態度，做為我們在學習道路上的指引及參考。

——胡賜韡，服務部技師

╱天空為限老師從不用權威嚇唬人，一開始認識她的人，總是會有疑問：「這樣的人真的懂占星會解牌嗎？」然而一旦認識以後，就會被其自然展露、精闢非常的解析邏輯給深深折服，而且一以貫之前後呼應，令人為之拍案叫絕。領教次數多了以後，除了愈來愈相信之外，也會不由得開始想著：「老師的腦袋結構到底長什麼樣？為什麼我的腦袋就長不成一樣的呢？」本書分享了老師的神祕學學習過程，其學習方法令人佩服不已——若叫我也做一遍同樣的事，大概是做不來的吧（笑）！所以，我還是當老師的學生比較幸福些！

——李承曄，專利師

╱在天空為限剛出道的時候，我就成了她的學生。她教學時解牌信手捻來，辯才無礙的特色，讓我認定她一定有很多精采的遭遇。看她在本書中分享的人生經歷，果然讓我驚呼連連，看似隨興且勇往直前的一個人，居然能如此細膩地記錄下生活轉折的心境，並一一剖析這些選擇替她帶來的改變，這就是天空為限的風格啊！

——李澤誼，網路行銷

很高興天空為限老師又推出新書了，這一本比起老師的其他書，在內容與主題上稍微內斂了點，但不變的是，天空老師的文筆依舊絲絲入扣，引人入勝，而且觀念清晰，見解獨到，加上文字敘事的強烈個人色彩，依然讓人愛不釋手。這本書裡闡述許多命理界的陋習與迷信，破除一般人對命理的不好印象。其實命理這門學問可以很專業、很科學，不是虛無縹緲、空穴來風，真的是要看人怎麼運用它，運用得好或不好而已；是在於人，而不是命理。身為學生與書迷的我，也樂於見到，天空為限老師在時下流行強調「愛與光」、「心靈成長」的潮流中，勇於給我們一記當頭棒喝，發出第一槍，很明白地告訴我們：「科學不能解釋宇宙的全部，泛心靈化也太過遙遠，知性跟靈性的交集處在於人性。」是的，命理就是一種知性與靈性的交集，一門很人性化的科學！

——葉子毓，電子業

NEW

序

別再被似是而非的觀念阻礙了追求真相之心

當初會寫這本書，是一個意外的狀況，柿子文化找我寫書，但我的牌卡跟占星書籍都已經簽給別人了，唯一還沒有出版社碰觸的，就是我媽媽娘家祖傳三、四代都是命理師這個背景了，我們在基隆已經營業一百多年了，我自己覺得很平常，但其他人聽了都覺得裡面大有故事。

我本來不以為意，後來為了這本書，開始收集祖先的資料，才發現真的非常有趣，而且我覺得，我的想法從出道開始就跟其他算命師不太一樣，或許跟自己的家庭背景多少有關。我本來以為自己不是傳人，就沒有資格碰命理的事，誰知長輩的行事作風，還有他們留下的一些觀點，就是幫助我認識這個世界的最好教材。

這本書我寫得很快，但寫完後重看，自己也有點臉紅，那時我出道沒多久，卻一副教導別人的口吻，其實覺得很不好意思，本來想反悔不出版了，但約已經簽了，叫我到哪裡再生一本新書還稿債？然而，這不是我教的，是我外公、舅舅跟爸爸傳給我的觀點，我只是很努力的把他們灌輸給我的觀念，想辦法還原到大家的眼前。我雖然不是東方命理界的，但秉持的觀點跟理念，都不會受東方或西方所限制，也可以說，這是我對神祕學的想法。

這時我發現，有風範的算命師，重點不是他教了你多少技術，而是教你看人看事的態度跟風骨，我自以為沒在教或學算命，但是我看待每個人的命盤所用的角度跟眼光，就是我家大人的觀點。常有人問我：「聽說算命會老殘窮，妳擔不擔心？」如果需要擔心的話，我的表哥是傳人，他一定會告訴我的。我們家傳了四、五代，不但沒有老殘窮，日子還過得很豐足。我覺得，那是看自己抱的是什麼心態，如果你只想炫耀自己很準，會想要人家聽從你的指示，那就難免要替別人負責這段因緣的業力；反之，如果你是收錢辦事，沒有當神的慾望，那麼帳自然就不會算到你頭上。

我們家從小到大感情都很好，也沒在分彼此的。我爸爸是娶了我媽媽以後，我外公才收他當弟子的，看上的，是他對中醫頗有素養，性格又溫和，會給來算命的人很好的鼓勵，所以就決定把他納入門下。其實，我外公的弟子也不多，就只有我舅舅跟我爸爸，雖然之後父母離婚，但我爸爸跟蔡家的交情還是沒有受到影響。我爸媽剛離婚時，我爸爸還是帶著我住進外公外婆家，可見我外公收我爸爸當門徒，並不是因為親疏的關係，如果是的話，我爸爸跟我媽媽離婚後，跟蔡家就沒有關係了，外公為什麼還要繼續收他？當然是覺得他會成為一位跟我舅舅一樣的好算命師！雖然他們的個性不相同，但師兄弟的感情是不錯的，所以離婚多年，我爸爸跟我媽媽娘家的親戚是一直有來往的。

這次的新書名比較合我的胃口，上一個書名定案時，我就有抗議，覺得舊書名沒有我個人的特色，是做過市調沒錯，也是最被大眾接受的書名風格沒錯，但我就是覺得跟我寫的內容沒什麼關係，還好在過了幾年後，出版社終於決定要用新書名推出了，新書名跟我的文風、本書的中心思想，都比較可以連結在一起。就是我常常掛在嘴邊的一句話，也在我的書中有提過——《誰說算命都是統計學？》。這也是我入行以後，一直想釐清的觀念，希望大家不要再被這些似是而非的想法阻礙了自己追求真相的決心。

序

會一種探問天意的技術，不過是多一項面對考驗的利器

我是基隆知名命理師——蔡逢時的外曾曾孫女，蔡逢時家族專精於擇日、八字、米卦、龜殼卦和姓名學；然而我卻是西洋占星師、塔羅牌占卜師。每次來採訪我的記者一知道我的出身，都會在這個血緣上大書特書，常常一篇報導出來，三分之二都在談蔡家的歷史，最後一小段才「順便」帶到我……

我是西洋占星師，也是塔羅牌占卜師，另外還在各大專院校、身心靈中心，以及企業內部的西方占卜類相關課程擔任講師。我專精的項目以西洋神祕學為主，因此當有些人知道我的母親竟然是出身自基隆非常知名的蔡逢時命理家族後，都覺得非常訝異。

＊＊＊

蔡逢時家族專精於擇日、八字、米卦、龜殼卦和姓名學，這些跟我從業的方向和形

象，幾乎是八竿子打不著，但就命理學強調的悟性來說，我的身上似乎還是能看得到一點血脈相連的影子，所以常常會有人一邊說我是家學淵源，一邊又覺得我根本走到一條跟家學完全不同的路上——可是可是，我只是個外孫女呀！就算跟母系的家學不同，也是應該的嘛！

事實上，就連基隆地區的記者來採訪我的相關活動，只要知道我是蔡逢時家的外孫女後，都會覺得這種血緣性非常有賣點，所以常常一篇報導出來，三分之二是在談蔡家的歷史，最後一小段才順便帶到我一下，哈哈！

我會走上占卜、神祕學之路，跟血緣究竟有沒有關係呢？

我認為，人在生下來之前、描繪自己的生命藍圖時，一定會找一個跟自己的生命腳本有相關的家庭，才能具備一些基本的能力，但不見得會受限於家族。血統給我的，不是通靈能力（這不是祖先們的強項），或是社會地位的傳承（蔡家是傳子不傳女的，更何況我是女兒的女兒），而是一種看待生命的態度，以及一個命理師要如何替自己定位的價值觀。

在這方面，我很感謝身為命理師的長輩們，以他們面對人生時的勇氣與選擇告訴我，命理這一行並不像外界想像的如此複雜又受制於命盤，也應該要遠比一般人不能迷信。這也讓我在初接觸、乃至入行時，少掉了很多無謂的恐懼，並讓我在研究上有了一點心得後，不至於產生大驚小怪的自我膨脹。

話說回來，從小開始，「算命」對我來說就不是一個陌生的字眼，而且就因為並不陌生，所以在我的內心當中，這門號稱可以洩天機、指點迷津的學問，甚至也沒有一點點的神祕感！

＊＊＊

媽媽的娘家是傳承了一百多年的命理家族，但是在小孩子心裡，其實就跟賣了一百多年的紅茶或當了一百多年的公務員一樣，聽起來並沒有什麼不同。要說有什麼特別之處，也只是大部分基隆的鄉親，對待我們的親人都格外的客氣、禮數周到，但我也只是將這樣的情形歸類於小學課本上所告訴我們的──「我國是禮儀之邦」（笑）！至於整個家族還不算差的經濟能力，我也認為那是因為臺灣是「亞洲四小龍」，所以不用像連續劇裡的苦命主角一樣，吃地瓜飯、穿補丁衣服──那種是古代才會有的遭遇，現在臺灣應該沒有這樣過苦日子的人吧？哈哈！

掌管蔡家命理傳承的是外公跟舅舅，他們的派頭跟闊氣就不用多說了；幾位阿姨們也不窮，尤其住得近的眾表兄弟姊妹，都跟我一起念學費昂貴的天主教私立小學。能就讀這所學校的同學，來頭一個比一個都大，穿的衣物、用的文具、玩的玩具……，都是一大堆舶來品，不過在我的想法裡，一切的舒適都只是──「那是因為剛好有人從香港／日本帶回來賣。」完全沒有意識到價格這回事！事實上，學校的同學們吃穿用的，也全都是這種等級。因此，有好一段時間，我一直以為我們家（媽媽是蔡家三女兒）以這個社會的標準來說算是窮人。即使在我好不容易被說服其實我們家並不窮之後，也只是從「認為我們是窮人家」變成「那我們應該也是超普通的人家」這樣的程度！

＊＊＊

雖然家族算大，但我再怎麼樣也是外姓人，對家世其實比較沒有那麼深的概念，但現在看起來，我認為自己應該算是幸運的。

就是這樣身處在其中卻又維持一個客觀距離的環境，讓我在日後接觸西洋神祕學跟占算之初，因為司空見慣了，而不至於把研究命理占卜當成是多偉大的使命，進而可以少掉一個包袱；又因為是西洋的術數，不是從小聽慣的，還是會對它維持一種值得探索的心態。至於算命這件事本身，就是一個興趣、一種值得研究的現象而已，「準」是理所當然的，命理這種東西它就是「準」！不管是誰，會用了都能「準」，這是一個再平凡再自然不過的事實了。不然，依我一向容易得意忘形的個性，一旦覺得一樣很了不起的東西被我駕馭了，緊接著使命感之後而來的，大概就是自命不凡的心態（我的意思是，更加自我膨脹——因為自命不凡的個性，我應該打從娘胎就帶出來了！呵呵）。

另一方面，因為對照了我從小就見識到媽媽娘家的命理執業人士——也就是外公、舅舅、我爸爸這些命理師——的態度，他們也有赤裸裸的人性和脆弱，那種掙扎跟情感上的不由自主，跟一般人並沒有什麼不同之處，同樣不完美，也同樣可愛。

這樣的環境，讓我之後走上命理這條路時，更可以知道很多人對算命師的讚美，以及他們羨慕我們這個業界（或是看待我們這個命理家族）的角度，都不見得是正確的。命理的學問很了不起，並不意味著我們這些執業人士本身就很了不起。從我的長輩們到我們這一代，也有許多自己的顛簸人生路程，沒有辦法避掉太多困境。我並不是天生謙卑的人，只是很明白命理對人的影響在哪裡，侷限又在哪裡，我是清清楚楚從小看到大，不會因為掌握了一點點窺探人生的路數，就樂到忘記自己是誰。

這樣的環境跟生長背景，給了我一些對占算保持客觀的心態，所以才不會在患得患失中丟掉了應有的信念，只為了證明自己準（反正再準，也無法幫助你控制每一個細節）；也不會忘記自己學命理的初心到底是什麼，轉而去追逐一些外界的肯定與崇拜、虛名跟光環——因為這些我早就都在長輩身上看過了！

＊＊＊

到頭來，每個人要面對的人生都還是一樣的艱難；不是在現實面，就會在人格、心理面。你多學了一種探問天意的技術，幸運之處也只是多了一項面對考驗的工具。就根本上來說，我們並沒有因此而倖免掉什麼。

目次

part／II 我自己的神祕學之路

part／III 命理和我想的不一樣

part / I

四代相傳的百年命相館

Chapter 1

不一樣的命算家族

我媽媽出身於基隆赫赫有名的算命師家族。第一代創始人，也就是我的外高祖父，是位清朝秀才。他出身富裕，廣聞博學，上知天文、下知地理，而且還精通醫術呢！在偶然的因緣之下，外高祖父在基隆創立了「蔡逢時擇日命相館」，迄今已經傳到了第四代，也就是我的舅舅。

蔡逢時擇日命相館——這是我媽媽娘家命相館的招牌。在我小時候，命相館是由我外公蔡和平坐鎮。招牌上的那位蔡逢時，是開館的第一代祖先，也是我們家族第一位由大陸福建渡海來臺的祖先，是我的外高祖父；我外公則是命相館的第三代傳人，目前已經傳到第四代，也就是我舅舅。

襲名的命相館，永遠的蔡逢時

蔡家的命相館採用的是類似日本常見的襲名制度，也就是說，外人不管稱呼我的外曾祖父、外公，或是第四代傳人的舅舅，一律都是「蔡逢時」。印象中，就連寄到店裡的水電費帳單及其他許多單據，收件人或登記人上的名字全都是蔡逢時，害我小時候常常感到困惑，到底是舅舅叫蔡逢時，還是外公叫蔡逢時？等到長大了一點，得知外公的名字其實是蔡和平、舅舅的名字是蔡維滄時，我還著實震驚了好一陣子呢！

那麼，招牌上的那個蔡逢時到底是誰？從小看他的名字看到大，實在很難想像是一個早已過世數十年的人。

那些好久好久以前……

蔡家的歷史，並沒有很詳細的書面記載。我僅有的一些印象，就是外婆在跟外公吵架或是罵舅舅，抑或對鄰居投訴時常出現的話當年：「我們祖先從大陸渡海來臺後，一代一代……到今天……我們辛辛苦苦……」

然後，我跟舅舅的孩子們，也就是我的大表姊、二表姊和表哥，會趴在店裡一個小小的天花板夾層——我們都稱為「半樓仔」——把頭往下探，聽外婆細數往事，講到我們都會背了，再也不想聽為止。

除此之外，我們也會依據長輩們往來聊天時提起祖先的種種事件，來拼拼湊湊出蔡家的歷史和點點滴滴。

Chapter2

上知天文、下知地理的秀才醫生

命相館第一代創始人，我的外高祖父——蔡逢時

蔡逢時來到基隆後，開始替民眾把脈醫病、看盤卜卦。據說他非常隨興，遇到經濟能力較好的人就收一點隨喜費用，遇到窮人家則不收錢——當時他主要的身分是醫生。雖然只有第一代的蔡逢時是醫生，但或許是基隆人民的共同記憶很深的關係，在我小時候，還是有不少人稱我外婆為「醫生娘」呢！

不只是外人，就連身為外孫女的我，聽到「命相館建於清光緒年間，開幕至今一百多年」這句話時，腦海中浮現的畫面就是——在古代的街道上，一個算命仙拿著布旗、搖著鈴鐺，到處拉人攬客的樣子。我總覺得命相館是開幕了一百多年才有現今的成果，畢竟算命就跟所有的生意一樣，應該都是一步一腳印、由小而大的；即使是在現代，許多沒有名氣的算命師也是用差不多的方式攬客——從事這一行的時間還不夠久，才需要這麼委屈……。

每一個算命師，應該都是從這個樣子開始從業的吧？

後來長大後，慢慢綜合各方的說法，才發現原來自己的想像錯了，蔡家根本就不是由小漸大！即使現在於眾人口中是一間歷史悠久的命相館，小時候我也常常見到那些平常只能在電視上看到的藝人在店內出入……，這樣的規模應該已經算是很知名了吧？但事實卻是——比起祖先創館當年的氣勢和出身，還是稍微遜色了一點。

福建煤業大亨的養子

創館人蔡逢時是福建省泉州惠安縣人，出生於同治年間。他在原生家庭中排行老么，上面有六個兄姊。他有一個叔叔很有錢，擁有眾多產業，其中包括了許多煤田。長輩曾經告訴我，煤田跟煤礦可不一樣，那些煤都是露出土的，用撿的就行，根本不用去挖，更何況田地下方還有頗豐富的礦藏呢！可想而知這位叔叔富有的程度。

不過，叔叔雖然有錢，膝下卻沒有一男半女，對於哥哥家生養眾多，一直很是羨慕。據說蔡逢時從小就很聰明又得人緣，叔叔因此跟哥哥——也就是蔡逢時的爸爸商量：「你的小孩那麼多，老么就過繼給我吧！」一開始蔡爸爸答應了，但過不了多久又捨不得，決定不把么子送走。叔叔可能是之前已經太過期待，受不了這種失落，竟然就找一天跑來哥哥家，把在家門外面玩耍的侄子偷偷抱回家！

兄弟倆的家有一段距離，一直到他回到自己家裡、把孩子安頓好之後，才提筆寫信給哥哥報平安，並保證一定傾己之力好好栽培這個孩子。當時的交通不若現在發達，又是血濃於水，追究起來太過麻煩，蔡爸爸只好答應，因為弟弟既有錢又疼愛小孩，再怎麼樣也一定比在原來的家裡更好命。於是，蔡逢時就這樣從原生家庭中的老七，成了他叔叔（養父）家的獨子。

如果要說我有從母系家族中傳承到什麼，大概就是這種任性、想要的東西一定要拿到手的態度吧（笑）？

雲遊四海的博學秀才

叔叔果然就如當初所承諾的，悉心栽培這個孩子，只要是好的老師，都延請到家中來替他上課。就許多長輩的描述，我想這位外高祖父的資質也是很靈巧的，沒多大年紀就考上了秀才，加上好奇又博學，當地人都說他是上知天文、下知地理，又精通醫術的有為年輕人。很可惜的是，他研究學問的過程並沒有留下記錄，也沒有相關的傳說，不然那一定是很精采的故事。

他的事蹟之中，我最常聽說的是，那時科學知識並不發達，但是他可以用卦象推出日蝕和月蝕的精確時間，從未失準。至於詳細的推算方式，因為我不是傳人，所以沒有學到，也不清楚到底有沒有完整地傳承下來，但至少到了第二代，這門功夫還是在的。

雖然考上了秀才，但那時正值清同治跟光緒年間，慈禧太后當權，官場容不下有抱負的人才，所以他並未把心思放在仕途上，沒有繼續往上求取功名，再加上自己又不缺錢，因此決定暫別養父雲遊四海（古人都好浪漫喔）。不知道走過多少地方後，他來到了臺灣。

落腳基隆的極妙因緣

一開始是因為覺得臺灣非常漂亮，於是他在基隆落腳，住了下來。那時候，因為基隆才開港不久，住在這裡的居民大多都靠著出賣勞力來糊口，生活也比較困苦。蔡逢時來到這裡後，開始替民眾把脈醫病、看盤卜卦。據說他非常隨興，遇到經濟能力較好的人就收一點隨喜費用，遇到窮人家則不收錢。

當時，他主要的身分其實是醫生。基隆可能因為地方小、草根性強，群眾的共同記憶都很深吧！雖然只有第一代的蔡逢時是醫生，不過記得在我小時候，還是有不少人稱我外婆為「醫生娘」呢！我外公已經是第三代，離蔡家當醫生的歲月已經很久了，唯一跟醫生還扯得上關係的，只剩一帖祖傳方子的浸水藥膏。這帖藥膏一直到我舅舅這一代的初期，還是會每天熬製，並且依然有許多客人上門來買，但是後來因為店務實在忙不過來，不得已之下，最後只得收掉這帖祖傳藥膏。

本來，對蔡逢時來說，住在基隆只是當成渡假，中間他也回過幾次福建老家。最後一次回老家正逢中國局勢漸亂，為了以防萬一，回臺灣時他將所有福建老家的房契、地契全都一起帶上。沒想到，後來中國便四處戰火燎原，從此再也回不去了。至於那堆房契、地契，如今一直還在某位長輩手上，拿出來是厚厚一大疊，卻已經沒有任何效用了。

續娶不斷的風流命？

八卦是人的天性。對於蔡逢時定居在基隆後的捐助、造橋鋪路……等善行，長輩們提得不多，講得最多的倒是：「他身高好矮，可是老婆娶好多個！」根本就是一副在講隔壁家老王的口吻，哈哈！

有一次我看到網路資料說，史實中的黃飛鴻，十三姨是他的續弦，而且年紀小他四十歲。黃飛鴻共娶過四名妻子，皆入門不久就病死，所以最後一任妻子十三姨莫桂蘭，他都將她稱之為妾，但實際上她是黃飛鴻的正式配偶。

正當我看得嘖嘖稱奇時，我媽媽突然在旁邊說：「那跟我阿祖（蔡逢時）一樣啊！我阿祖娶得還比他多咧！」

我好奇心一起，就一定要打破沙鍋問到底。

媽媽說：「我阿祖的老婆也都活不長，不過他沒有同時娶兩個過，都是一房過世再續娶一房。」

於是我接著又問：「他既是醫生又是算命師，應該非常知道自己的狀況，為什麼還要一直娶老婆？」

我媽媽嘆道：「還是得有女主人持家，有孩子傳宗接代呀！」

只能說，幸好到最後還是有「撐得住」的女主人，香火也順利傳了下來，但他自己應該也很無奈吧！

受到政府禮遇的蔡家

在蔡逢時那一代，他的主業其實是醫生，所以在家風方面，也還有一些世家的習性。他將小孩都送去日本留學，而且每個人至少要學一門樂器或舞蹈。不過，這個堅持只維持了一代，之後因為日治時代和剛光復的清貧年代，就不再能那麼大張旗鼓地砸錢在孩子的教育上或送出國留學了。

然而，就算是這樣，不管是日本殖民或國民黨統治的戒嚴時代，我們家的長輩——換算起來應該是蔡逢時的兒女輩跟孫輩——也都還是可以很自由地在日本跟上海來來去去，即使在兩岸還沒三通的時代也一樣！

不論是日本人還是國民黨，對蔡家始終維持著一定程度的禮遇。在那樣的大時代中，應該算得上是一件十分幸運的事。

後山花蓮也有傳人

雖然蔡家是傳子不傳女，基本上也不傳外姓人，但還是有例外。有一次我在花蓮縣政府的網站上，看到花蓮縣地方史的資料，在「第一位命理師」項目中看到了熟悉的名字：

〈花蓮第一位相命師——賴漢松〉

前先時也，本省人階級觀念，相命師是「上九流」排行第六，一般人稱之為「算命仔」。利用星宿和陰陽五行等術，為人推算命運的好歹，至於街頭的「卜卦」多半是瞎子。他們「抽籤卜卦，看命神算」不在話下。

花蓮第一家相命館是今花蓮市忠孝街的賴漢松相命館，賴漢松當年是「頂港有名聲，下港有出名」的相命師，他去世後，其公子賴武智繼承衣缽，相命館仍以「賴漢松」名之，可見名聲不墜。

賴漢松是基隆大相命師蔡逢時傳授的，他移居後山花蓮，起初在花蓮市中正路掛牌相命。不過，也是擺攤方式，由於「算得準」而大大出名。且說，從前到後山的人，都是「山前」（臺灣西北部）落魄的「羅漢腳仔」多矣，他們命運多舛，對自己的前途茫茫，只有求助相命仙來指點迷津，於是乎，賴漢松這位相命師真是「時勢造名相」。

後來在花蓮市忠孝街開館數十年，直到他去世。不過，民國廿六年日人推行「皇民化運動」，相館在取締之列，一度不准掛牌相命。雖然禁止相命，仍有人會偷偷找上門，連日本人也去占卜。賴漢松是「皇帝占法」，認為人的命運於出生時辰注定，因此賴漢松所批的「命紙」（紙本的八字命盤）最多。

當我問起媽媽這個人是誰時，她眼睛亮了起來：「我知道他呀！妳外婆跟他們家偶爾還有聯絡，在我小時候，她還曾經帶我去花蓮探望過他們呢！」同時媽媽也補充告訴我，為什麼蔡逢時會收他為徒：據說是因為賴家跟蔡家在福建有親戚關係，所以等於照顧同在臺灣的親人那樣，但是正式的關係為何，年代久遠也不可考了。

Chapter3

預知自己死亡時辰的寡言命算師

低調的第二代傳人，我的外曾祖父——蔡西海

那天媽媽放學，在回家路上遇見她阿公，他很罕見地穿了西米羅，阿公摸摸她的頭，說要帶她出去玩。那是媽媽童年中最美好的一天！想吃什麼、想玩什麼，阿公通通答應。第二天她放學回來，大人告訴她阿公過世了。他自己把西裝穿得好好的，躺在床上，口袋中有一張摺起來的紙，上面寫著：「我會在辛丑年十月三十日巳時斷氣。」

每次我媽媽一提起我的外曾祖父——蔡西海，常常都是一臉的懷念，因為那是她的阿公啊！在媽媽的記憶之中，她的阿公是一個十分有威嚴的人，而且個性相當沉默、話很少。

沉默不張揚，每個人都異常信任他

在命理方面，每個人都很信任他，但卻沒有流傳下什麼驚人的算命事蹟，原因有兩個：

第一，他一向不在家中提起有關客人的事；第二，在日治時代，命理一事是被禁止的。雖然蔡家沒有被日本人找麻煩，但保持低調還是非常必要，因此，來算命的人也不可能回去就高談闊論、四處張揚。要猜測他的算命功力，只能從所有客人都對他異常信任這一點來證明。

大家對他的印象就是「很愛做善事、很愛幫助人，但話很少」，再加上時代的原因不得不低調，所以這一位長輩的傳奇性色彩就少了些。

媽媽還特別提起，在她小時候，臺灣人民的日常生活普遍都過得很窮困，但是她的阿公可不會偏心只疼男孩，她們這些孫女也都很受寵。那時，媽媽跟阿姨們的皮鞋、洋裝有許多都是舶來品，她的阿公常常會帶她們去臺北看電影，至於蘋果這一類高價的食物更是從來都不缺乏。

其實不只是我的外曾祖父很寵孫子輩，印象中，我外公、外婆也都是吃好穿好但又不吝嗇；應該說，雖然在金錢方面還稱不上是真正的豪門，但是蔡家人從來也不太習慣過苦日子，所以不會把褲腰帶勒得太緊，更不會讓生活侵蝕自己的樂趣。

在生命的最後展現深厚的預知實力

外曾祖父過世，是在我媽媽九歲那一年。

關於這件事，從小到大，媽媽已對我重複敘述過無數次。這個一生沉默不張揚的命理師，真正讓人明明白白看到他深厚算命實力的事蹟，竟然是在生命的最後，用預知自己的死亡來展現：

「那天我放學，在回家的路上遇見阿公，他很罕見地穿了西米羅（西裝），因為很少看他這樣打扮，我叫了一聲阿公後，就呆呆地看著他。阿公摸摸我的頭，說要帶我出去玩。雖然阿公本來就很常帶小孩子出去玩，但那天可以說是我童年中最美好的一天。我不管想吃什麼、想玩什麼，阿公通通一口就答應。他帶我去看馬戲團，我一手拿冰淇淋、一手拿巧克力，開心得快要飛上天了。

第二天我放學回來，大人就告訴我阿公過世了。自己把西裝穿得好好的，躺在床上，口袋中有一張摺起來的紙，上面寫著：『我會在辛丑年十月三十日巳時斷氣。』聽大人們說，依發現大體時的狀況來看，他的確是在這個時間往生的。」

在離開世界的前一天，他不僅穿上了西裝，連頭髮都去理好了，讓子孫在辦理他的後事時不費事。正如長輩們描述的，他真是個安靜又敦厚的男人啊！如果我可以預知自己的死亡，應該好幾個月以前就開始哭哭啼啼交代後事，並且不停騷擾晚輩要他們全部都聽我講話，看看他們到底在不在乎我，然後在死前只要一個不順我的心，我就可以理直氣壯地罵人加上自怨自艾……。好吧，我沒有修到這等功力，也是一件好事！

疼孫，不分男女內外

關於這位祖先，我收集的資料不多。但是從媽媽的敘述中，我看到一個熟悉的景象，也就是蔡家有一個良好的傳統：疼孫不分男女。在那個時期，女兒普遍被視為賠錢貨跟多餘的吃飯嘴巴，在家中的地位不高，更何況蔡家有男丁傳家的傳統，兒子對家族來說更重要。不過，長輩對孫子跟孫女的態度，往往並不會差很多；父母對兒女的管教上，也是一視同仁，也就是兒子跟女兒都會打（所以如果要我去問親子關係，我敢肯定不管是兒子或女兒，都絕對不會說好話，哈哈）！

在我們這一輩眼中的外公、外婆也是，不管孫兒或孫女、外孫或內孫，他們都很疼愛。如果程度有別，也絕不是因為性別的關係。蔡家沒有出過殺人放火、散盡家財的兒子，也沒有自甘作賤為男人做牛做馬的女兒，這一點真的已經比許多同時代的家庭好很多了。我的媽媽跟阿姨們都作風強勢，我跟妹妹以及表姊、表妹們也都不好惹，我想這是因為我們從小就得到長輩的疼愛，因而產生足夠的自信，知道不用讓自己受太多委屈吧！

Chapter 4

走在時代尖端的老頑童

跳Tone的第三代傳人，我的外祖父——蔡和平

老實說，命相館不是外公最想做的事，他最興致勃勃的是三樓那一大層舞蹈教室。沒錯，外公雖然是命理師，但他有另一個身分——社交舞老師。直到現在，老一輩的基隆人提起「蔡逢時」，印象最深的就是：「啊！妳阿公非常會跳舞。」

接下來的第三代，就是我親愛的外公了。對我來說，外公很好寫，也很難寫。他在我心中留下的印象很多，他是個活得很精采的人。不過就是因為事蹟多，又太親近，也許不夠客觀，必須要清楚分辨出哪些才是最該寫的，這會有一些難以取捨之處。

我在小學五年級之前都住在基隆，我家開的茶葉店，跟外公的命相館距離很近。我跟妹妹幾乎整天都往命相館跑，玩伴也是舅舅的三個孩子，所以幾乎天天都會見到外公、外婆，以及舅舅、舅媽。

外公有一個十分可怕的習慣，每個小孩只要踏進店門裡，就會被他一把抓住，用手刀在腰際跟胳肢窩搔我們的癢，還用鬍碴刮我們的脖子，所有表兄弟姊妹一律是尖叫狂笑到累得半死，外公才會鬆手，然後跟著哈哈大笑。

直到剛讀完小學四年級的那個暑假，我們才因為父母離婚，搬離了基隆。有趣的是，外公那時把基隆的命相館交給舅舅打理，自己跑去臺北的行天宮附近開了分館。而我跟爸爸離開基隆的第一站，竟然就是去投靠外公、外婆，而他們對這個「離緣」的半子，還是很親切地照顧。

於是，我們就在臺北的外公、外婆家住了半年。外公租下了一棟總共四層舊樓房中的二、三、四樓，二樓是外公、外婆的臥房跟命相室、接待客廳，以及我爸爸幫人針灸拔罐的小診療室，四樓則是我跟爸爸的房間。

愛跳社交舞的命理師

老實說，命相館不是外公最想做的事，他最興致勃勃的是三樓的那一大層，全都裝上鏡子、鋪上地板裝潢而成的舞蹈教室。沒錯，外公雖然是命理師，但他有另一個身分——社交舞老師。

從我小時候有印象起，外公就一直在教社交舞。當我們還住在基隆時，他也有舞蹈教室。直到現在，我遇到老一輩的基隆人，提起「蔡逢時」，他們最深的印象就是：「啊！妳阿公非常會跳舞。」每逢聖誕節，更是他辦舞會的大日子。我記憶裡的外公，大多數時候都是快快樂樂地跳舞、辦舞會，舞姿優美、談笑風生。就連我媽媽的社交舞，也被訓練到有職業的水準，常常是外公辦舞會的要角之一。

在我還很小的時候，外公就為舞蹈教室從日本買進一部當時很罕見的雷射唱盤，播放的是CD——我長大後CD這玩意兒才慢慢普及起來。當我想起這件事時，還曾跟媽媽說：「以前這種CD音響不多耶！外公真的很先進，那麼早就買了。」

沒想到，媽媽跟著又爆了一個料！原來，當年錄放音機剛發明的時候，外公也花了一萬兩千元買了一臺。那大概是民國五十幾年將近六十年的事了，一萬兩千元在當時可是一般人好幾個月的薪水啊！媽媽十七歲時，我舅舅為了要幫她過生日，兄妹兩人還跟外公借了這臺錄放音機，帶到空地去放音樂跳舞。那時跳舞是會被警察抓的，舞會開到一半，警察就來了。舅舅第一個反應就是抓了錄放音機，帶著我媽媽跑。兩兄妹翻牆躲警察時，由於怕摔壞錄放音機，跌倒了也不敢先保護自己，而是先護著機器，所以舅舅摔到雙腿的膝蓋都是傷。

我媽媽遺傳到我外公的很多個性，包括愛嘗鮮、愛跟流行，例如錄放影機剛上市時，她就花了三萬多元臺幣，遠從日本訂來；任天堂剛推出時根本就是天價，許多小孩都要不到，我媽媽就興匆匆地買了一臺回家讓我們玩，可惜我跟妹妹一點興趣都沒有，到最後她只好自己玩。

外公的個性一點都不像命理師，更別說像修行人了，他比較像是走在時代尖端、好奇心奇大無比的頑童。他的人生常常「出包」，或是搞得風風雨雨，但他的心情永遠都一副很愉快的樣子，個性幽默，笑臉迎人——至少到他生病之前，我的印象一直都是如此。

不過，他雖然一副吊兒郎當的模樣，祖傳下來的命理師這塊招牌，還是很稱職的。有幾則傳奇，就發生在我的親人間。

外公的神算讓我媽進帳一千多萬

我讀小學時，有一段時間我媽媽的店經營得頗為慘澹。有天我放學，她對我說：「好煩喔！最近茶葉店生意不知怎麼搞的，特別差，我快要瘋了，我們去找妳外公。」外公的命相館離我們家的茶葉店，走路只要六、七分鐘，所以我們說走就走。到了命相館，我聽到媽媽對外公唉聲嘆氣地說沒錢、好煩、生意差……，外公聞言就卜了米卦，又看了我媽媽的八字流年。

外公問我媽媽：「妳最近有沒有正在談什麼生意？」

媽媽回答：「沒有耶！近期就是都沒有生意呀！」

我外公皺著眉頭，盯著命紙說：「不對呀！照我看，妳兩個星期以內就應該要有錢了才是。」

媽媽則是一頭霧水：「不太可能吧？沒有什麼生意要做啊！」

外公只好教我媽媽等看看，真的沒錢再說。

過沒幾天，我媽媽就接到一通神祕的電話。那時我人正好在旁邊，但沒聽懂詳情，只知道從那時開始，爸爸媽媽就沒再為錢的事唉聲嘆氣過了。

稍微再長大一點，我媽媽才告訴我，那通電話是以前她一個寄賣茶葉的店家老闆打來的。曾經因為收不到他的貨款，我媽媽氣沖沖地說要去把貨都搬回來，不然也要跟老闆算帳，但沒多久她卻是空手而回。

爸爸問她：「怎麼了？」

我媽媽回答道：「對方好像也被跳票。我看到大家都要去搬東西來抵帳，他懷孕的太太哭著跪在地上哀求大家。」

因為實在出不了手，所以她就回家了，第二天還提了一隻雞，又包了六千元紅包，送給那個太太。

那個商人跑路後，又跟人借了一點錢改做其他生意，沒想到還把事業做到國外去，那天就是打電話來問我媽媽願不願意跟他合作。我媽媽回憶說，那半年內就進帳了一千多萬，果然跟我外公說的一樣，兩個星期內錢就自己跑進來了。

享受生命，死後仍舊來去自如助家人

外公一生都算是個前衛的人。他總是快快樂樂的，有時也鬧出不少花邊新聞，常常惹惱外婆（笑）。

他很盡情享受生命，但之後因為罹患癌症，過世前幾年活力盡失。病重難受的模樣，真讓人看不出外公原來的神采。

長年居住在加拿大的大表姊，為了要讓外公放心，決定跟當時的男友擇期早日成婚，也特地回臺灣照顧他。大表姊是舅舅的長女，是內孫女，也是外公外婆第一個孫輩，受到疼愛的程度自然不在話下。即使排行老三的孫子，也就是家業傳人的嫡孫出生了，大表姊受重視的程度還是沒有減低。

我這位大表姊是太陽天蠍座、月亮巨蟹座，非常看重親情，加上倍受疼愛，又跟他們同住，對爺爺奶奶的感情比我們其他的孫子女都還要深厚，難以割捨。一直到我外公和外婆陸續過世多年，大表姊每次一提起阿公和阿嬤，牽掛還是很深，也對老人家過世之前受病痛折磨的樣子很難釋懷。

我一直以為外公那像頑童般的個性，跟「有修為的人」似乎差很多，加上他又緋聞不斷，所以老覺得他是個很世俗的人，應該就只是一個很準的命理師罷了！有趣、善良，命理的技術方面厲害，但他的人格與境界、高靈格應該是扯不上什麼關係的吧（哦！我真是該打）？不過後來才發現，其實一個人在世間的性格，沒有所謂好或不好，也不見得不嚴肅就是沒智慧。

在外公過世後這十數年間，必要的時候，他還是透過托夢的方式告訴後人一些訊息，令人不禁覺得——他不但可以來去自如，意識也十分清明。

托夢報明牌，幫我媽保本

有一陣子，我媽媽跟著朋友們瘋狂地簽牌追六合彩。她們不是憑運氣下注，而是一群人追蹤出機率最高的號碼，然後每一期都簽，所以要準備一筆錢，追個十幾期。因為賠率很大，只要有一期中獎，就可以攤平其他期投注的金額。

我們一直勸媽媽不要玩了，她卻很沉迷，說至少要等這一期開出來，不然前面投注的錢就都賠掉了。

那時，她在追的是「36」這支號碼，在準備金即將用完之際，她擔憂地說：「如果這兩期36再沒有開出來，我就真的要賠本了。」講完也沒心情用餐，隨便吃點東西，就去午睡。傍晚時，我接到媽媽的電話，她很神祕地說：「妳阿公來了。」

其實外公過世後，被他托過夢的親友並不少，所以我不覺得有什麼稀奇，只問她：「那阿公說什麼？」

她的聲音聽起來有點迷惘：「我夢到妳阿公拍著桌子，看起來很激動地說：『簽07啦！簽07啦！』」

我聽完，「噢」了一聲，覺得外公還給媽媽報明牌，真是太不像話了！但又不能開口罵長輩。

這時，媽媽很緊張地問我：「妳覺得我要不要簽？」

我理所當然地說：「簽啊！阿公講的為什麼不簽？」

我常遇到有些人會用很神祕的口吻問我：「妳媽媽娘家的世代都是命理師，老實說，妳真的覺得算命準嗎？」他們語帶挑釁地講「老實說」這三個字，就是一副想要逼我承認算命只是察言觀色或是用什麼特殊話術的審判態度。然而，我的回答都是：「廢話！當然準啊！」

算出來的東西本來就會準，這在我們家是一種很自然、很合理、天經地義的事。這種東西不準的話，那早就消失了。如果是你自己算不準，或遇不到算得準的人，那是個人的問題吧！憑什麼因此就說算命不準呢？

同樣的，阿公托夢報明牌這件事，我也不曾想東想西，懷疑是不是媽媽做白日夢或是幻想過度。阿公來了就是來了，這又不是第一次，有什麼好懷疑？他說是這個號碼，就是這個號碼呀！不然他幹麼特地跑來告訴妳？最後，媽媽決定簽這支明牌，果然當天晚上07就開出來，之前投注的資金總算是回本了。

不過，阿公托夢報明牌就只出現這一次，之後媽媽為了想贏錢跟外公求明牌，他也沒有再出現過了。我想，阿公之所以出手，畢竟只是要幫我媽媽保本，不是要給她當靠山，讓她染上賭博惡習。

用壁爐發爐，一窺孫女的新男友

我大表姊老是抱怨阿公只找別人，卻都沒有托夢給她。但是我後來悟出一個心得：往往跟已逝者關係愈親近的人，就愈少能夠直接跟往生者溝通。大表姊失親的傷痛比其他家屬來得深且長，所以她始終沒有收到阿公的消息，我並不覺得驚訝。

不過，大表姊還是有幾次間接收到阿公的訊息，其中一次是在我外公過世後，她搬回加拿大居住的事了。她是個戀家的人，所以電腦網路總是隨時打開著，方便跟臺灣的家人隨時互通訊息。她在加拿大的房子共有五層樓，據說裡面也擺滿了阿公的照片跟紀念品。我外公過世後沒幾年，大表姊跟第一任華僑丈夫離婚，過一陣子之後交的男友John則是加拿大人。

兩人交往了好一段時間，我們大家都覺得這位未來表姊夫的人品、各方面都挺讓人滿意，他們也開始做結婚的準備，生活愈來愈密切。

有一天，John到我大表姊家去住。他們的房間是在五樓，三樓有一座壁爐。當時是七月的夏天，睡到半夜時，John突然清醒過來，也不是要上廁所，就是不知道為什麼醒過來，也莫名其妙地覺得應該去三樓看看，結果這一看非同小可，他衝上五樓找大表姊，問她：「三樓壁爐的開關在哪裡？」

大表姊說：「在壁爐旁邊牆壁阿公的照片附近呀！」（我聽到這裡時心想：怎麼又是阿公的照片？妳到底放了幾張呀？上次她跟第一任老公吵架時，提到她老公有問題的call機也是放在茶几旁阿公的照片旁邊。）

John很驚慌地說：「我檢查過了，那個開關是關著的，可是壁爐裡的火燒得很旺！怎麼可能會有這種事呢？」

大表姊很平靜地說：「喔！那應該是我爺爺啦！你今天第一天住進來，他不認識你，教你去給他看看，認識一下就沒事了，不信你現在去看，火應該自己熄了。」

John下樓看過以後，壁爐的火果然熄了，一點痕跡都沒有，就好像剛剛什麼事都沒發生過的樣子。於是，他只好默默地上樓，回去繼續睡覺，一句話也沒再問了。John的工作是資訊工程師，面對對這種玄異之事，一向都是嗤之以鼻，之後卻開始對這方面的事情很有興趣了（大表姊講到這裡的時候，我聽到的重點是：哇！居然可以用壁爐發爐呀？太強了！不愧是阿公）。

縱然有接收過阿公的訊息，大表姊還是很在意她沒有「直接」夢到阿公，覺得自己好像不受阿公重視。

就這樣講了幾年、抱怨了幾年後，大表姊終於很清楚地夢到他了。話說她每次上香或是面對阿公相片時，就會一把鼻涕一把眼淚地怪阿公不想她、都不來找她、都不讓她放心一下、丟下她這麼早就過世……等等之類的，終於有一天，她夢到阿公了，但卻不是她想像中的依依不捨或互訴思念。在夢裡頭，一向寶裡寶氣的外公變得非常嚴肅，正色用臺語對大表姊說：「妳很煩耶！不要再抱怨了，好好過妳的日子。既然我已經死了，就是妳有妳的路，我有我的路要走，妳怎麼連這一點都不懂呢？不要碎碎念了，振作一點！妳實在是太囉唆了。」

我問大表姊對此有什麼想法？她說她不懂這些道理，不過她還是知道外公想表達的意思是什麼了。

那時候，我也不懂阿公的微言大義，但是過幾年之後，我接受了「死亡並不是生命的終結」這種觀點，外公托夢對大表姊開示的話，聽起來就很清楚了。阿公果然是一個很有智慧的人，傳達給大表姊的訊息也很正確。

早年大表姊曾經因為想念阿公，聽人家的推薦，跑了幾間宮廟。其中一間宮廟的人竟然告訴她，妳阿公正在地獄受苦。她雖然不知道真假，但情急之下當場崩潰痛哭，而且一直耿耿於懷。我從接觸神祕學這段時間以來，終於可以非常肯定地告訴她：「阿公不可能在地獄受苦，他來去自如、神智清明，講話又聽得出他很了解自己接下來的路要往哪裡走。他靈格看來是很高的，雖然我不知道到什麼程度，但至少不會是在昏沉無明的受苦狀態，我們絕對不用替他擔心。」

Chapter5

超顧家的現任命算師

重親情、講義理的第四代傳人，我的舅舅——蔡維滄

小時候我跟表哥玩，如果打架打輸或爭執得太厲害，記得有好幾次，舅舅都是不由分說地就先處罰表哥，他的論點是：「你是唯一的兒子，以後家裡的事是你要管，未來姊姊、妹妹們如果有什麼委屈，也是要你幫她們出頭的。如果這麼小就自己會欺負妹妹，那以後長大還得了！」

媽媽的娘家是個很傳統的家族，但基本上都是好人；雖然有許多傳統觀念有些不符合現在的價值觀，但至少從我的立場看來，眾長輩們都把親情跟責任放在傳統守舊的道德價值觀念之前。比方說，囿於時代氛圍，蔡家也有些重男輕女，但外公、外婆對女兒都很照顧，讓她們吃好穿好。因為女兒有五個，依照當時風俗，也有幾個阿姨小時候是出養給他人，但都特別打探過送去的家庭是不會虧待女兒的好人家，長大一點後也都帶回家團聚了。

我舅舅是獨子，因此非常受重視，但是他除了掌握一家之主的權力之外，也很清楚自己要盡的義務。凡事跟家人有關的事，他大多會盡一份力。

看重家族和血緣的舅舅

記得有幾年，舅舅不知道講錯什麼話，我媽媽一生氣就跟他冷戰了好久，但是有一回，媽媽在生意上遇到困難，還是一通電話撥給舅舅請他幫忙處理，而舅舅也二話不說就去想辦法。那時我就問媽媽：「啊，妳不是跟舅舅還沒和好？」我媽媽理所當然地說：「就算還沒和好，他還是我哥哥，我有麻煩，他也還是得幫我啊！」此外，我的弟弟在外島當兵適應不良，舅舅也是想盡辦法請託人情幫他調離到別的營區。舅舅對家族跟血緣的看重，是沒有辦法否認的。

我表哥是老三，也是老么，他上面是兩個姊姊，也就是我的大表姊跟二表姊。表哥是獨子，是「蔡逢時」家業唯一的繼承人選。不過，即使表哥受到父母格外的疼愛跟寄望，大表姊跟二表姊還是很有當姊姊的威嚴。在舅舅家，不會因為是女兒就要受什麼委屈，也不用忍氣吞聲。表姊跟表哥吵起架來，一樣是氣勢洶洶。雖然不是他們家裡的人，但是至少就我親眼所見的情形，以及父母在物質方面的供應，女兒都沒吃什麼虧。

我舅舅是巨蟹座，雖然大家都說他還是有分別心跟偏心——這點我相信，畢竟他不是聖人——但在行為上，他已經盡其所能地做到公平，這樣不就很難能可貴了？

我小時候就跟所有的小孩一樣討厭（笑），愛玩、愛哭又愛告狀。表哥跟我年紀只相差一歲，兩家又住得近，所以最常玩在一起。表哥從小個性就很溫和，大部分都讓著我，長大以後雖然變痞了一點（大笑），也一樣是個挺善良的好人。

小時候我跟表哥玩，如果打架打輸或是爭執得太厲害而鬧到長輩那裡，好幾次舅舅都是不由分說地就先處罰了表哥，他的論點是這樣的：「你是唯一的兒子，以後家裡的事是你要管，未來姊姊妹妹們如果有什麼委屈，也是要你幫她們出頭的。如果這麼小就自己會欺負妹妹，那以後長大還得了！」

長大後，有一次表哥跟表嫂吵架，舅舅弄清楚整件事情的來龍去脈之後，認定是表哥的錯，結果表哥被自家人修理得很慘，算是替我表嫂討個公道。這是一種重男輕女的觀念作祟嗎？我想是的，但是層次不是建築在那麼自私的心態上，而是建築在責任上。這其中包含的親情跟義理，就不是一般那種只知道討好兒子、作賤女兒的可悲父母們能做得到的。

表姊如親姊，舅家是我家

我是家裡的老大，但是舅舅家的女兒，也就是大表姊跟二表姊，基本上就跟我自家的親姊姊差不多，我喜歡畫畫、看書、看電影，基本上都是受表姊們啟蒙的——雖然她們也常捉弄我，把我當玩具耍得團團轉（笑）。

二表姊從小美感就很強，每次隨手畫出來的娃娃都讓我驚為天人，回家也拚命畫。她還會剪紙、十字繡等等，可說是多才多藝，每次一看她的作品，我就會跟著玩。她讓我知道這個世界的面貌，不只是我表面所看到的那樣，其實有很多精緻的東西，是我自己可以嘗試與尋找的。就是受了她們的影響，我高中才會讀美工科，審美觀也一向不差（不過二姊的做家事功夫，我始終沒學到就是了）。

除此之外，我爸爸常常說我：「除了嬰兒時期之外，在我印象中，我不記得妳有過不認識字、不愛看書的時期。」但我記得很清楚，雖然我愛看書，但是小時候一開始買的書卻不多，都是大表姊、二表姊送我的。她們一看到有趣的童書，就萬分激動地推薦給我。我們之間的對話常常是這樣──

大表姊非常激動地拿一本書給我：「小蓓，這本妳一定要看，它是……」大表姊口才非常好，介紹起書的內容的確會讓人想一睹為快！

接著她又目光堅定、誠懇地告訴我：「這一本是世界上最好看的書！」

二表姊則是在旁邊睜大眼睛，猛點頭附和。

這時我就困惑了：「可是上一次妳們教我看的那一本，也說是世界上最好看的書啊！那這一本應該只能算是世界上第二好看的書吧？」

聽我這麼一說，表姊們就會更鼓動地說：「不會不會！這一本絕對不一樣！它……它是宇宙中最好看的書！」

於是，我就很高興地把書帶回家仔細看完，讓表姊們這樣「連哄帶騙」看下去的書，還真是不計其數啊！

除了飽讀表姊們推薦的書籍之外，還要感謝我家樓下的育德書店老闆一家人。他們對我很好，從我小學一年級起，就讓我每天在他們店裡免費看書。甚至用膠膜封起來的新書，他們也會拆開讓我看完，再封回去。此外，還教店員把椅子讓給我，好讓我可以不用坐在地上看書。我閱讀的能力就是在那時打下很好的基礎；當然在口才方面，我相信也受到大表姊不少的影響（笑）。

開啟許多我的第一次

除此之外，一些生活經驗，例如第一次上高級西餐廳學吃正式西餐、溜冰刀（那時臺灣剛引進冰宮的型態）等，也都是舅舅一家人帶著我做的。

在我爸爸媽媽為了生意而奔波時，我有很多心靈的經驗必須要有一起摸索的同伴，媽媽的娘家家人算是給了我一個很大的靠山，我得到了許多的關照跟愛護。這些都比他們是不是神算，或者有多少社會地位，來得重要多了。

＊＊＊

我寫的這些點滴回憶，不能算是嚴謹的家族史。這只是以我個人的角度，來敘述長輩們給我的影響。畢竟，每個人在不同人眼中，都有不一樣的形象跟評價，我能寫的，只有我自己一個人的觀點。

part / II

我自己的神祕學之路

Chapter 6

老實說，我超怕死的

從很小開始，我就對死亡有很深刻的不安全感，一直覺得生命背後有一股不可知的力量，隨時會侵襲而來，任誰也無法逃脫，而人活在這個世界上，也很可能一下子就不見了。於是，連小學自然課用來實驗的蚯蚓和蠶寶寶的死亡，都可以讓我嚎啕大哭。

我的成長過程看起來沒啥值得憂慮的。說起我的個性，也跟我日月都在牡羊座的媽媽很像，活潑又不太愛用大腦，所以日子過起來也沒什麼特別悶的地方。我脾氣不好，但不太會跟自己過不去，很多不高興的事情都是過後即忘；我愛玩、愛幹蠢事、愛出鋒頭，生活中值得嘗試跟冒險的事情太多了！除了長大一點後媽媽因為生意忙碌脾氣愈來愈壞，使得我開始對她的管教反感，因而個性變得稍微有點暴躁之外，整體來說就是個頭腦簡單的孩子。

天生白目和憨膽

小時候，我還坐著學步車時，有一次想下樓玩，那時我們在三重的家中有一扇小木板門，打開就可以下樓梯，我雖然是坐學步車，但永遠可以在大人一打開木門時，一邊喊著：「我要街街（去逛街的意思）！」一邊以迅雷不及掩耳的速度往樓梯口衝，然後連人帶車翻滾著下樓——雖然受傷了無數次，卻永遠學不了乖，只要木門一打開，我還是義無反顧地衝下去。有幾次親戚問爸爸、媽媽說：「孩子額頭上的腫包，已經好幾個月了，怎麼都還沒消？」媽媽回答：「本來快消了，但是又摔下去，所以又腫起來了。」

周歲過後不久，爸爸、媽媽忙著做皮包生意，常常把我一個人留在家裡，在家時也沒時間整天陪著我，本來他們也擔心才一丁點大的小孩，沒人陪、沒人刺激學習，會不會發展遲緩？但有一天他們回家時，看到我這個沒有任何人誘導的幼兒，自己扶著牆壁，很堅定地慢慢站起來，學會了站立跟走路（然後就再也管不住了，哈哈），也就放心了。

我在三、四歲時，最大的嗜好就是模仿當時正紅的高凌風唱歌。常常在外公的命相館裡，跳上他算命時接待客人的木質大辦公桌，然後一定要拿一支掃把權充麥克風架，學高凌風在電視上的奇怪舞步唱歌。而且人愈多我愈亢奮，把鄰居都吸引過來指指點點，我會更人來瘋。

大人們都覺得我天不怕地不怕的——從好一點的方面來說，我是一個很勇敢、好奇心強的小孩；從差一點的方面來講，就是白目跟憨膽（愚勇）啦！

我唯一的罩門——死亡

不過，我有一個從小就似懂非懂，卻本能地知道要恐懼的罩門，那就是死亡。跟死相關的驚嚇記憶，在我人生中出現得非常早，我已經忘記是幾歲時的事了，但想必一定非常年幼，因為我那時連話都說不清楚。

印象中，當時爸爸媽媽還是穿著牛仔褲的年輕人模樣。有一天，我們一家三口正一起看著電視上的短劇，劇情是：有七個穿著綿羊布偶裝的人很快樂地一起玩，然後突然一個穿著大野狼布偶裝的人衝了進來，綿羊裝的演員因此驚慌地逃散……。雖然我看不太懂劇情，但是那種恐懼很直接地衝擊到我，我當場就放聲大哭，而且哭了很久，超過我平常因為生氣或要賴而哭的時間。

情急之下，父母只好急忙向我保證這世界上沒有大野狼，可是我就是覺得有一種不知名的東西，也許不一定是大野狼，它隨時會出來襲擊我們、襲擊任何人。我們是不安全的，我就是知道！就算爸爸媽媽保證沒有這種東西，我還是知道它的存在。

後來，我雖然止住哭泣，但是那種對死亡的防備心跟不安全感，卻再也無法從我心中抹去了……。

張帝總是拿到壞東西，也讓我哭到不行

除了死亡之外，某種人生無法掌控在自己手裡的感覺、隨時會被環境吞沒的隱憂，也一直讓我很害怕。另一次被電視劇情嚇到的經驗，是綜藝節目的爆笑短篇默劇，我記得演員兼主持人的是張帝、張魁、趙舜三人組。短劇的劇情很簡單，就是——

下雨了，三個人各自打開自己的傘，其中兩個人的傘好好的，他們很高興地撐著，只有

張帝一個人的傘是壞掉的，他做出痛哭的姿態，其他兩個人安慰他。之後不管三個人一起做什麼事，張帝拿到的東西都是壞的，做的事總是錯的。

就在我爸爸媽媽看得哈哈大笑的同時，我卻大哭起來——為什麼這麼可憐的事，居然是一件好笑的事？我沒有辦法想像無論做什麼事都無法順利的慘況。那一次也哭了很久，而且爸爸媽媽被我整慘了。因為當時我還太幼小，連話都說不清楚，頭腦又簡單，自然沒辦法說明我感受到的震撼，所以他們完全不知道我是為了什麼而哭，也不知道該從何哄起，手忙腳亂了很久。

現在想起來，我覺得一定不止我有這種經驗。畢竟，小孩子長期受到保護，他們其實很脆弱，知道自己的渺小跟不安全，隱隱約約能感受到的威脅，還有能不能平安長大的不安。到覺得自己夠強壯之前，這種不安全感都會一直啃噬小孩。又因為不知道死亡的概念，所以也無從自我安慰跟尋求解釋。對有些人來說，長大後這些印象也許就會消失，但這種恐懼的感覺其實往往只是暫時埋藏起來而已。

茶葉生意讓我們家不再漂泊

媽媽娘家在基隆，我們全家人也在基隆生活了很久。本來在我上小學前，我們一直全省不停搬家、做不同的生意。後來，媽媽有個做茶葉生意很成功的姊妹淘，本來要嫁到美國，但是跟未婚夫吵架，一氣之下就說不去美國了，邀我媽媽回基隆合夥一起做她非常有把握的茶葉生意。我媽媽欣然同意——因為她一直對要到處找營生感到很不耐煩，總覺得沒有一個穩定的局面。所以她想：既然有一個熟悉業界的人帶領，應該就可以安安穩穩地入行，慢慢摸清楚狀況。

沒想到，錢都投資下去了，貨也都訂了之後，那位阿姨突然跟未婚夫和好，飛到美國去，說沒辦法繼續這個事業了。

我媽媽看著滿屋子待處理的茶葉商品哭笑不得，於是決定自己想辦法，整天試茶、喝茶、跑茶山、跟茶農討論、養壺，也學烘茶、泡茶、品茶。爸爸就跟她一起做茶葉生意，由媽媽負責專業的部分，市場就這樣打開了，我們一家子也就順理成章在基隆定居下來，結束了我七歲以前在臺北、嘉義、高雄、基隆到處跑的生活。

私小的嚴格訓練，養成高標準的看事觀點

正式上小學時，我被送進了以嚴格著名的天主教私立小學。這間學校雖然學費比一般公立小學貴了十幾倍，但是師資優良、學生的課業優異，因此基隆地方上只要稍微有一點家底的，都會想把孩子往裡面送。由於每個年級只收四個班級的學生，所以要進這間學校不僅要測驗，還要抽籤。

記憶中，在那邊念書很辛苦。從一年級開始就要上五個全天和一個半天的課程，跟六年級的上課時數相同。學校沒有便服日，對成績要求很嚴格，老師打人打得很凶。一到期中、期末考試時，下課時間全被拿來小考、看書，寒暑假作業也幾乎是其他小學的兩倍（我後來轉進公立小學才知道的）。那間學校嚴格到註冊時會當場檢查作業，沒寫完的就不准註冊下

一學期。午餐時間都要鋪餐巾、禱告，整個午餐時段不可以發出聲音。星期六雖然中午就放學，但除了少數特殊情況的學生外，我們都要留下來上才藝課，從芭蕾舞、畫畫到書法不等，幸好才藝班是學生可以自由選擇參加的。

以現在的標準來看，大家可能會覺得在那種學校裡就讀的孩子實在太可憐了，童年裡沒有自由、也沒有無憂無慮，但我覺得凡事都是利弊參半。雖然我們生活在一個框框之中，但對於自我的要求卻也不知不覺變得嚴格了。其他細節我不是記得很齊全，但有一件事情至今依然印象深刻！

五年級後，我轉學到臺北市的某間公立國小。校園有一大片的草坪，中間卻有一條枯黃的走道，很顯然是被長期踩走所造成的。草坪旁邊立著一個大大的牌子，上面寫著「不可踐踏草地」，但是大家都視若無睹。

這一幕給我的衝擊不小，衝擊不是來自於學生守不守規矩、聽不聽話，而是學生本來就不用事事照著僵化的規定。我之前念的私立小學，也有一片草坪，但旁邊沒有立任何牌子、老師也沒有做過任何口頭警告，但是，在我就學的四年期間，從沒有任何一個小孩子踩上去過——這不用特別警告，我認為一片綠油油的草地在中間，道路就在一旁，理所當然要走水泥地，而不是草地，這應該是一種本能反應吧？看到那麼漂亮的草地，怎麼會有人興起踩上去的念頭呢？我不懂。

那所私立天主教學校看來有自己獨特的一套標準，但又對相關單位的規定守法得驚人。我記得當年教育部是禁止使用參考書的，但我後來念過的兩所公立小學，「自修」根本就是必備的教材，但由於之前在私立小學時根本不知道這種東西，所以我一開始聽到「買自修」，還不知道「自修」是什麼呢！然而，雖然私立小學出身的孩子從來不用參考書，卻是出了名地會讀書，曾有在其他學校是班上第一名的孩子，轉進那所天主教小學，當場功課落到五十幾名，過不久又轉學離開了。我想，真的要念書，把課本讀通就可以念得夠好了。

因此，我覺得嚴格的生活規範，不見得全是好的，但是至少在這種環境下長大的孩子，也會對自己做的每一個行為都有自我要求。比起那些凡事推說「我不知道有這種規定」，當作沒有常識、覺得只要沒規定就什麼事都可以胡作非為的人來說，受到一些適當的管制會比較好。何況在學校體制裡，大人要控制小孩是很容易的，就算你明文規定他「不准打、不准罵、不准罰」，除了「打、罵、罰」之外，成年人要用心理戰術來傷害兒童的自尊跟心靈，實在太容易了。我個人認為，禁止體罰其實是一種自欺欺人的規定！

我長大了之後，再怎麼犯錯、再怎麼替自己找理由，也絕對不會用「我不知道」、「你沒有跟我說」、「我不懂這裡的規矩」這種懦弱又不負責任的藉口來替自己開脫；我更知道，「獨立」二字雖然聽起來十分瀟灑、很不受他人約束，卻並不意味著我們就可以不具備常識，甚至忽視既有的原則。

自然課的死亡「實驗」

不過，我之前提到過的，對死亡那隱隱約約的恐懼，也是在那間私立天主教小學中，再次受到了赤裸裸的衝擊。

第一次，忘記是小學一年級或二年級的時候，自然課本中有一個所謂的「實驗」，是全班分成幾組，把蚯蚓放在玻璃皿中，然後在牠身上滴酒精，觀察牠死亡的過程。學校規定每個學生都要帶蚯蚓到校，所以爸爸前一天帶我到釣具店買了蚯蚓。但是隔天一到學校，我就把蚯蚓倒進花圃中，還說服其他同學也把蚯蚓放生。不過，就算這樣也沒用，因為全班共分六組，只需要六條蚯蚓，實驗還是可以繼續。我們那一組的蚯蚓在滴上酒精後，痛苦地扭動，但是沒有死亡，於是老師下令再多滴一滴酒精。蚯蚓死掉的那一刻，一向被公認是調皮搗蛋、還有「母老虎」綽號的我，是唯一放聲大哭的。我一直很震驚為什麼其他人都不會為蚯蚓之死而傷心呢？

老實說，在我的心裡，是憤怒多過悲傷的。這些蚯蚓在泥土裡好好地過著牠們自己的日子，什麼錯都沒有犯，卻被我們捉來弄死，只為了示範一些無聊事。而且，竟然沒有任何大人對這種事情感到一點點愧疚，彷彿讓其他生物毫無道理的死亡是一件再正常不過的事。

那堂課之後，我一直啜泣不停，到第二堂自然課還在哭。我們學校的自然課是專任教師，不能放任我一直哭到她離開，但她也沒有責備我的理由，最後只好帶領全班同學一起禱告，求神讓蚯蚓上天堂。不過，沒有用，我知道老師只是在安撫我而已。

後來，又發生「養蠶寶寶」的自然課作業。同樣的，沒有人告訴我們，蠶寶寶破繭而出後要怎麼照顧牠們，許多同學都順手把牠們扔進了垃圾桶，但我不肯這樣做。的確，蛾產完卵後就會死亡，家長也是將整個東西直接扔進垃圾桶。對於這件事，每個人都覺得是天經地義，從來就沒有人認為需要跟小孩子們解釋，這樣踐踏生命到底是為了什麼？

此外，班上做實驗的金魚死了，沒有人當一回事。當我因為自己養的烏龜死了後大哭，老師雖然沒罵我，但從她的反應，我知道她心裡其實覺得這小孩未免也太小題大作了吧？所以，雖然我不是不會念書，雖然老師都對我很好，雖然我的人際關係一向比別人吃得開，但是從那一段時間之後，我就討厭死「學校」這個地方了。因為我討厭學校「只要是因為規定，你做什麼錯事都是對的，就可以堂堂正正地沒心沒肝、沒血沒淚」，這種地方也未免太可怕了！

上帝會不會把蚯蚓和蠶寶寶接去天堂呢？

班上有一個品學兼優的同學，是個患有白血病的女孩（所以長大一點我看了《期待你長大》這部電影嚇了一跳，電影中小女主角罹患白血病掉頭髮跟生命慢慢殞落的過程，就跟我的同學一模一樣），她大部分時間都在醫院裡，考試時才戴帽子遮住光禿禿的頭到學校來。即使她從小就生病，功課依然名列前茅，個性依然活潑開朗，但二年級時她就過世了。當老師宣布這個消息的那一刻，以及我們去參加她告別式時，所有同學都悲傷到難以平復。

我覺得死亡真的很可怕，不管是倒楣到被人類拿來實驗的蚯蚓、蠶寶寶，還是如那位罹患白血病的同學那樣倍受呵護，都逃不掉同樣的下場。一旦死了，不管你的生命裡，還有什麼權利沒有享受到，都沒有平反的機會了。所以，經歷過同學的死亡，我反而更為那些大人眼中不值錢的動物感到不平，也更討厭學校了。至於同學的死，我反而痛苦過後就很放得下，因為我覺得她是回到上帝的懷抱，對於這點我深信不疑。

記得她最後一次來學校上課，午睡過後醒來，雙眼突然有異樣的光采，然後對我們以及老師說，她午睡時夢到上帝，上帝說要帶她去天堂了。老師的眼神突然間有點悲傷跟不安，卻還是笑眯眯地要她告訴大家天堂是什麼樣子。白血病患者死前通常會很痛苦，但她是在往醫院的計程車上跟媽媽說想睡覺，睡著睡著就過世了。

所以，對於人往生的悲傷，我倒是放下得很快，因為再怎麼樣，都有人會為他們哭泣跟懷念，而我同學也去天堂了——但我不知道上帝會不會把蚯蚓跟蠶寶寶，還有金魚跟烏龜，也都接去天堂？

Chapter 7

父母離婚，我爸也將命理當副業

跟很多通靈人或什麼「帶天命」的人不同，我從小就只是個膽子大了點的「麻瓜」，只是因為爸爸也是命理師，所以或多或少接觸到一點相關知識。小學六年級的某一天，我因為無聊而翻爸爸的書櫃，意外發現他為姓名學整理的小筆記，因為姓名學很簡單，讀一、兩天就可以抓到主要脈絡，於是到處幫朋友、鄰居算——玄的是，還算得準！

小學四年級下學期，爸爸媽媽離婚了。

現在回想起來，我總覺得父母離婚對我是一件好事，因為我的個性一向暴躁又強硬——就跟媽媽的個性一樣。我不是說她有多壞，而是兩個性格相當強勢的人在一起，往往不一定是件好事。在她身邊，我不是跟她爭吵，就是被逼得要忍氣吞聲，而爸爸一向對媽媽是退讓的。如果一直在媽媽的教育方式下生活，那簡直像是「一山不容二虎」，而且我又是女兒，輩分就屈居下風。那麼，面對她的管教，我一定得扭曲自我，長大以後不知道會變成什麼可悲的人。

我老爸的副業是命理算師

我跟爸爸先是到臺北投靠外公和外婆，過半年後爸爸決定回嘉義發展，順便幫忙日漸年邁的爺爺奶奶。

蔡家的傳統一向是傳子不傳女，爸爸雖然是女婿，但是他的個性溫和，做事清晰且有條有理，不管面對的是誰，都擁有極強的溝通能力，他的善良跟謹慎在家族中很出名，加上又懂中醫，所以外公自己提議把命理學傳授給我爸爸；即使之後我爸媽離了婚，外公還是覺得這個決定並沒有錯。

我爸爸不能說有命理師天分，而是他理解力強，什麼事都學得快。他是太陽雙子座、月亮處女座，凡事有定見，也很善於表達，分析能力更是非凡，但是之後他要一個人背負起養育我的責任，加上他又不像媽媽那樣驍勇善戰——走到哪裡都是路，想要錢就一定會有辦法弄出來（這一點我一直很佩服）——而是比較溫和、循規蹈矩的人，所以還是選擇去當一個上班族，求取最穩定的生活方式，命理則成了他的副業。不過，從事命理師久了，因此還是有一些社經地位高，對命理五行極有興趣的人上門討教。他成功啟發了不少人，所以即使沒有用命理當主業，在這二十幾年中，我爸爸依然持續投入心力作命理研究。

由於父親回鄉的決定，我也跟著轉學到嘉義的公立國小。南北文化的差距，讓我在生活上受到很大的衝擊。我一開始聽不慣臺灣國語，也跟同學們格格不入，所以從小活潑外向的個性，只有在這個時期陰沉了一點。我希望同學們都不要跟我講話，因為我不習慣跟他們相處。不過小孩子嘛！適應力基本上還是很強的，過沒一、兩個學期，我就跟嘉義的孩子們打成一片，愈來愈被同化，當中甚至有一些同學，一直到出社會好幾年後，都還一直維持很好的交情。

單親小孩不孤單，爸爸的支持讓我不畏失敗與困境

媽媽對於我選擇跟爸爸，一直感到非常不滿。她認定我爸爸太寵我了，說我跟著他生活，一定會被教育得很失敗！不過老實說，我爸爸並不是那種毫無原則的人。媽媽一直不明白，我的個性是不太受他人控管的，我很知道自己的方向。媽媽的意志力超強，非常執拗且充滿戰鬥力，這種特質讓她在工作跟商場上很有成就；但面對家庭時，她就一直會想要用高壓式的教育方法全權替小孩拿主意。

我妹妹跟著媽媽，她甚至不讓我妹妹交朋友：「交朋友有什麼用？現在好好念書，等出社會，我會告訴她交朋友的方式，那她就會啦！」她腦筋簡單到以為每件事用講的別人就應該自動要會！我妹妹的個性像我爸爸，較為溫吞、沒主見，跟在我媽媽身邊，心理上是吃了不少苦頭，不過妹妹長大後也承認，也許她就需要像我媽媽這樣強勢的家長來催促她，不然一定會變成一個連自己要什麼都不知道的人。而我則正好相反，我需要的是一個可以輔助我、支持我的人，就像我爸爸。

我常常看到書店中有關教育的書都是千篇一律：讓小孩變資優生、讓小孩變天才、讓小孩考上名校……這一類的書名。這常常讓我覺得很驚訝，以我的經驗來說，不管你把小孩變成什麼樣，最終他還是要當他自己，還是要面對他自己的人生。我爸爸的教育並沒有把我變

成第一名或什麼了不起的孩子，但是由於他的支持，讓我覺得自己倍受珍視，而且他很清楚地表達出「不管妳在外面遇到什麼，我都會支持妳」的態度，所以我不用擔心失敗，可以盡情去挑戰；不用擔心丟臉，可以去冒任何險。我覺得一個孩子需要的，是不管面對什麼樣的困境，都有信心可以翻身，以及在面對失敗，可以從中獲益的能力——這才是內在的實力！不管環境變成什麼樣子，不管遇到什麼事，這才是可以保護他的法寶，而不是學歷、分數、家產。單憑外在的條件，是沒有辦法保住一個人長久康泰的。

我國中時的導師很疼我，她常對我說，她覺得我會是以後出社會後最有出息的孩子。我很驚訝，因為我功課雖然還不錯，但一直不到頂尖的地步。問她為什麼？她說：「因為妳是這麼多孩子中，唯一一個不管做什麼跟沒做什麼，妳自己都知道為什麼的人。其他老師也都這麼跟我說。」我覺得我的國中老師們是很可愛的一群老師，他們不會單以成績認定學生，反而會注意到人格的部分。不過導師還是一直很惋惜，她覺得如果我願意稍微看點教科書，不用太用功，很快就可以到頂尖的成績了。

有一次國中導師打電話給我爸爸：「翁先生，你應該幫個忙，幫你女兒制定一個用功的讀書習慣，別讓她玩太多課外活動，她一下學這個、一下學那個，其實都學不長。這樣很可惜，我們應該讓她把時間集中在功課上。」

我爸爸後來告訴我，他覺得：「我的想法比較不一樣，我覺得功課過得去就可以了，雖然我女兒東試西試，都還不知道她自己真的喜歡的是什麼。可是我的原則是：女兒現在還在我身邊，那她高興做什麼，就可以去做。如果做對了，那是她自己學到；如果做錯了，我還在她身邊，還有人可以幫她收爛攤子。等到有一天她離開家裡再去試的話，就沒有人幫她收爛攤子，那她就不得不保守行事，而如果她只想避免錯誤的話，也就沒有學習的空間了。」

所以一直到後來，我都沒變成一個符合社會要求的人，但我的生存能力很強，這跟成績、功課都沒有關係——但是帶給我的幫助更大。

這道菜是妳不喜歡吃，不是它難吃

到了高中，我的個性還是一個標準的死小孩（笑），對於我的任性跟潑辣，爸爸一直沒有用強力壓制。他只是用他自己的觀念一步一步幫我轉過來，尤其擅長機會教育。譬如我很挑食，爸爸一向知道什麼東西我愛吃、什麼東西又不吃，所以我們一起去吃筵席時，往往問都不用問，他就知道端上來的這道菜我願不願意吃。有一次我們一起去參加一場流水席，新端上來的那道菜他拿不定主意，因為食材是我願意吃的，但烹調方式是我討厭的，他就轉頭問我：「妳要不要吃這道菜？」

我回答得很快，一臉厭惡地說：「不要，這個東西好難吃！」

爸爸很溫和地說：「不吃沒關係，不喜歡就不要吃，但是妳看看，其他人都吃了這道菜對不對？」

我點點頭，爸爸笑著說：「所以說，這道菜是妳不喜歡吃，而不是它很難吃，這兩者是不一樣的，要記住。」

就是這樣輕鬆自在，沒有任何訓誡。我到出社會很多年，都是因為這個經驗，才能適時調整自己看事情的角度，不至於溝通失敗。

這些點點滴滴，我其實並沒有特意去記，但很多爸爸說過的話，時間到了，就會浮上我的腦海。

在我踏入神祕學界後，有很多業界同行，或同樣研究命理的人常忿忿不平地對我說：「會算有什麼用？那些人又不聽我的，我又幫不上忙，真讓人沮喪，我不算了，我要退出了、封盤了。」

我會笑著說：「你怎麼知道你沒幫上忙？有些話，你講的當時他沒聽進去，但有一天他需要這些話的時候，自然這些東西就會幫上他了，只是你沒看到而已。很多事做了就做了，一定有它的作用，為什麼你一定要它在當下、眼前就表演給你看呢？我們不能控制我們的建議產生作用的時間、地點跟方式啊！畢竟在過日子的人是他。」

說真的，若我用自己本來的個性去走命理這一行，大概會被刺激到得憂鬱症吧！但是現在我面對來算命的客戶時，卻輕鬆隨意到都不像我自己原本的個性了！這才發現，我跟爸爸的本性雖然不同，不過在長期看著他處事態度的潛移默化之下，多少還是受到良性影響。

爸爸的教育裡，沒有標準答案

在我出社會工作一年間，因為浮浮沉沉、前途未卜，雖然待在自己一向喜歡的傳播業界，但我真的很惶恐，不知道自己到底會不會生存得好。那時，有一對夫婦是貿易公司的老闆，一向很照顧我，於是提議：「不如妳就轉行來跟我們學做貿易，這樣比較有保障。而且我們夫婦沒有孩子，如果妳有興趣，也做得好，以後也可以接我們的班。」

這個提議在我茫然失措的當下，聽起來很誘人，但是跟我的理想背道而馳，於是我打電話跟爸爸討論，他沉默了一會兒後，說：「我覺得，年輕人要傻氣一點比較可愛，不要那麼年輕就急著替未來找保障，算那麼精，有時會失去更多。如果妳覺得錢賺得不夠多，那缺錢用可以跟爸爸說，但是妳不能忘記妳上臺北是想要做什麼的。」

一般父母總是告訴孩子：「不要太理想化啦！」「要先顧現實需要啦！」「要認清楚這個社會啦！」「要追求保障啦！」我爸爸大概是我唯一見過，會勸孩子以自己的夢想為首要的家長了。

爸爸很注重每個孩子腦袋裡的思考模式，所以他從來不給標準答案，他會給你一個方向，看看你自己能想出什麼樣的答案。

我的算命初體驗

跟很多通靈人或什麼帶天命的人不同，我從小就只是個膽子大了點的「麻瓜」，並沒什麼特殊之處。因為爸爸也是命理師，我或多或少接觸到一點相關知識。蔡家的教學很嚴謹，所以不管是爸爸、舅舅，還是外公自己，除了代代相傳留下來的資料之外，每個人都會根據各命理再用心整理出自己的專屬筆記，並且裝訂成冊——當然，每個人筆記的寫法都不太一樣。我記得舅舅後來把所有《康熙字典》的字全都整理出來，依筆劃、五行歸納整理，變成數十本的小冊子。他常常很滿意地看著那排成一整排的字庫書，表情就像是完成了一件偉大的作品。

我小學六年級時，因為無聊去翻爸爸的書櫃，翻到了他為姓名學整理的小冊子，因為姓名學很簡單，讀一、兩天就可以抓到主要脈絡了。我就到處幫朋友、幫鄰居算——玄的是大部分都很準。其實當年我解讀姓名的模式，就跟後來解讀占星盤、塔羅牌一樣，雖然書上講的筆劃、五行屬性是這個意思，但是我綜合起來看，就可以組合出另外一個結論。我絕對不會單單只照著書來解，所以學得雖然不多，但是運用起來變化無窮，幫同學算著算著，最後連老師都來問！

那個時候，我還是把它當一種餘興節目，無聊時就拿來當話題，就這樣一直幫人算到高中。印象比較深的是，有一個高中同學，拿了大她十歲的哥哥的名字給我算，我福至心靈地把他的工作跟婚姻狀況都講得很清楚。

第二天，她拿了另一個名字來，很嚴肅地跟我說：「我哥哥改過名，這是他的舊名字。我哥哥說，如果妳這次再準，他就真的服了妳。」

我取過名字算完後，問她：「妳哥哥是不是因為身體不好，所以才改名的？我覺得這個名字體弱多病。」

我同學聽了之後，一下子連話都講不出來，過幾秒後才高興地尖叫起來：「哇！真的算得出來耶！」

那時都是孩子，也沒啥崇拜之情，只是覺得居然看一個人的名字就可以講出這麼多事實來，大家都很興奮而已——可惜我早把姓名學忘光了。現在回頭看那些資料，照理說如果沒有八字輔助的話，姓名學理應不會算得那麼清楚，連我自己都很想知道自己當年用的是什麼邏輯呢！

幫人算完命後就想睡覺？

不過，從那次經驗之後，事情就變得有點怪怪的。

我以前一天可以算很多名字，還一邊算、一邊說笑，但從那次起，可以算的數量持續下降。有一天，我算了五個人的姓名後，開始想睡覺，而且是睡到身旁的同學都很難把我叫起來，但是我本來是那種從小到大絕不會在課堂上睡覺的學生（不是因為用功，是因為老師講話聲音太吵，哈哈）。之後，慢慢從算三個姓名就倒，最後變成每天只要算一個姓名後不久我就會睡著，完全叫不起來。但如果那天什麼都沒算，又一切正常。我覺得這樣很麻煩，就沒再幫人算了。

過幾年之後，長輩告訴我要收紅包才會防止這種狀況（每個人的狀況不同），我一試果然就恢復正常了，才又在有需要時幫同事看看姓名。雖然還是算得準，但是跟當年比起來，掌握度始終有限，我一直不清楚為什麼。

Chapter ∞

就算有鬼，這世界也還是安全的

可能因為「它們」怎麼敲門我都沒反應，開始不甘願了。有一次，它們彷彿跟我槓上了一般，我再怎麼不理會，敲門聲就是持續不歇，力道大到整座門、還有三夾板製的牆都震動了起來。那時，我正看電視劇看得入迷，因為被煩到抓狂了，於是衝去打開房門，開始對著沒有燈光、昏暗的走廊破口大罵：「吃太飽沒事做！我對你們客氣，你們當我好欺負。下次再敢這樣煩我，我一定想辦法讓你們魂飛魄散！」

記得小時候有一次問爸爸：「爸爸，這個世界上有沒有鬼？」他的回答並不是告訴我有或沒有，而是從文字發明的歷史開始說起，再講到文字對人類歷史的意義，最後才下了一個結論：「若世界上沒有鬼，那麼『鬼』這個字就不會被創造出來。但是妳不用怕，真正的鬼不一定是妳想像中的那樣子，也許鬼其實是一種自然現象，沒有什麼好可怕的。」

然後我問他有沒有遇過鬼？

他說：「沒有，但我不會因為沒遇過，就說它不存在。不過我相信，什麼樣的人，就會遇到什麼樣的事。」他講的都是實話，但是因為他講得光明正大，所以讓我覺得，就算有鬼，這個世界也還是安全的。面對孩子，你傳達給他的感覺，勝過話中的語意。

遇見鬼，也沒在怕的

後來還真的遇到怪事了！

我們嘉義的房子是透天厝，格局偏狹長。我那時住二樓最前端的房間，中間的空房有時也變成我的備用房間——每當原本的房間亂到住不下去時，就會暫時轉移陣地。二樓最末端、靠近樓梯處是我伯父的房間，但他晚上通常在樓下跟爺爺、奶奶一起活動，不會上樓。

我搬回去沒多久，二樓外面的長廊開始出現各種腳步聲，有球鞋的跑步聲、有高跟鞋的叩叩聲，也有皮鞋的踩踏聲……，但在我們那種鄉下地方，大家都穿拖鞋活動，有這些腳步聲是很奇怪的，何況隔壁棟住的也是親戚，哪來那麼多奇怪的腳步雜沓？但我並不以為意，我房間中有自己的電視，腳步聲聽聽就算了，無法吸引我去一探究竟。

沒想到之後的腳步聲愈來愈大，也愈來愈清晰，有時甚至像是已經走到我身邊似的；後來，那些腳步聲甚至像在奔跑，但聲音在到達我的門前時又會戛然而止。我漸漸覺得不太對勁，但仍未理會。最後腳步聲不止走到我的門前，還傳出敲門聲，不管敲多久，我一開門，敲門聲馬上停止，但門外空無一人。也許你會說，說不定是隔壁或其他地方的敲門聲，但如果是其他地方傳來的聲音，為什麼永遠在我開門的那一刻，聲音就會消失？不過因為太多次了，之後我也不愛理，就讓它去敲，反正最後總會停下來。

可能因為那些怪東西敲門敲再久，我都沒有反應，它們也不甘願了。有一次它們彷彿跟我槓上了一般，不管我再怎麼不理會，敲門的聲音就是持續不歇。我本來掛了很可愛的紙門牌——厚紙板製的牌子，造型圖樣可愛，掛在門的把手上，上面有「請勿打擾」或「歡迎光臨」等字樣——在門鎖的把手上，但敲門的力道大到整座門、還有三夾板製的牆都震動起來，紙門牌也掉下來了。看來我沒有反應，它們是不會罷休的，我只好起身去開門，但同樣的，一打開門的瞬間，聲音就消失了，門外同樣一個人也沒有。

因為那時我看電視劇看得正入迷，它這樣一直煩，讓我抓狂了，我開始對著沒有燈光、昏暗的走廊破口大罵，說它們是神經病：「吃太飽沒事做！我對你們客氣，你們當我好欺負。下次再敢這樣煩我，我一定想辦法讓你們魂飛魄散！」最後連三字經都出口了，罵到上氣不接下氣，才關門繼續看我的電視劇。

說來也有趣，從那天之後，腳步聲跟敲門聲就沒再出現過了。後來朋友問我為什麼膽子那麼大？我說可能我從大人身上接收到的訊息，就是鬼也不過就是一種自然現象，當然沒有想到要怕了。

保護我逃過死劫的無形力量

雖然年少時對神祕學並沒有特別的興趣，但我還滿受「無形界」照顧的。

有一次我默默逃過死劫，這件事情是這樣的：

我們母女三人都是貪睡蟲，我從小學開始，永遠是在火燒屁股的最後一分鐘才起床、最後一分鐘出門、最後一分鐘趕到學校，一直到出社會當上班族時都還是這副模樣。當時我還在嘉義讀高中，那天的狀況很特別。我作息跟平日無異，前一天並沒有特別早睡或晚睡，情緒也沒有特別高昂或低落。本來習慣貪睡賴床的我，那天早上六點整卻突然醒來了。怎麼說明那種醒呢？那不是自然睡醒的感覺，不是從睡眼惺忪中慢慢甦醒，而是上一刻還在熟睡，下一秒眼睛突然就打開，而且整個腦子清醒無比，就跟一天當中意識最清楚的時候一樣。

這麼早就自動清醒，實在跟我對自己的生理認知差太多了，所以我的直覺反應就是：「這不對勁，我絕對不可能這麼早就不想睡了，這一定是錯覺。如果我現在起床，那我一定等一下就想睡了。」所以我又躺回去、蓋上棉被，閉上眼睛，想再補眠，可是怎樣也無法再入睡了，愈想入睡，頭腦就愈清醒。到了六點十分，我受不了了，整個人幾乎是跳起來的。不但人醒了，而且好像有一種奇怪的力量在催促著我，讓我完全靜不下來，更別說繼續躺回被窩裡。最後我只好投降，快速梳洗更衣後就出門。騎腳踏車到了學校後，發現全班只有我一個人到校，我還覺得很不甘心。

等正常的到校時間過後，就是朝會時間了。朝會進行到一半時，導師突然跑到我旁邊，輕聲說：「妳爸爸打電話來學校，說要找妳。」我大驚，老師也趕緊讓我去接電話，怕有什麼大事，但我到了辦公室，電話已經掛斷了。

我又跑去用公用電話打電話回家，爸爸的聲音聽起來輕鬆自然，他說：「啊！沒事，打電話看看妳到學校了沒有？」

我回說：「都幾點了？我當然到啦！」

爸爸說：「到了就好，到了就好。」在我還莫名其妙時，他就把電話掛斷了。

掛完電話後我也不以為意，沒想到傍晚回到村子裡時，才聽說早上發生了一件大事。從嘉義縣快到嘉義市的路上有一座橋，如果按照我平時的作息，也就是七點出門，那麼約莫七點十分到十五分之間會經過那座橋，騎上坡通往嘉義市上學。那天早上七點左右，一輛載運原木的大卡車從嘉義市開過來，結果在下坡的那個路段，路面突然凹了一個坑洞，那個洞也有可能是因為路面脆弱，被卡車的重量壓出來的。卡車的一只輪胎陷入坑洞裡，整個車身傾斜一邊，倒向我們通往市區的道路。為了怕原木綁不牢滾落下來，所以在救兵到來之前，工人們就站在路的兩頭，指揮交通，雙向車道都禁止通行。但直到了七點十幾分，要上班、要上課的人眼見快遲到、等不及了，不顧工人的阻擋紛紛強行通過。說時遲那時快，綁原木的繩索終於不支裂開，原木滾了下來，當場壓傷了很多上學或上班的民眾。不少人的傷勢都很嚴重，緊急送往醫院。

那時我爸爸剛上完大夜班，回到村子裡聽說橋那裡發生事故了，一算時間剛好是我平日上學正好會經過的時間。他急忙衝到現場，發現傷患都被送往醫院；他立刻又趕忙到醫院詢問，確定我不在傷亡名單上；但想想實在不敢相信，又回到現場去檢查被壓毀的車輛，確認我的腳踏車有沒有在其中。最後真的確定我的腳踏車也不在現場，他才回到家撥電話到學校，聽到老師說要去叫我，知道我真的有到學校，也就放心了，所以沒等我去聽電話，他就掛掉了。

當天晚上我打電話給在基隆的妹妹，一開頭就說：「妳絕對不會相信今天發生什麼事，我早上突然在一秒鐘內清醒過來，完全睡不著，我根本不可能在那個時間起床……」我妹妹很平靜地問：「六點十分對不對？」我說：「妳怎麼知道？」她回答：「因為我今天也是那個時間突然睜開眼睛，就再也睡不著，只好去學校了。」妹妹那邊倒是沒有發生什麼事，看來純粹是我們姊妹之間的感應。

兩樁神祕的超自然事件

常有人說，聽我說起家人的事，覺得他們總是帶給我一股「正氣」。我不知道是不是這股力量使然，話說我在學生時代發生過兩件事，不太像神鬼，比較像超自然事件，而這種異象聽說往往跟一個人的氣勢、能量場有關。

第一樁事件是和「電視」有關。

我那時很迷八點檔連續劇，但是芭蕾舞課的下課時間是七點半，我要非常快速地騎腳踏車，才能夠及時回家，趕上連續劇的八點開演。有一天下課後，我顧著跟同學聊天，一時忘記注意時間，拖到七點四、五十分才匆匆騎車返家。到家後衝回房間，一邊換掉制服、一邊打開電視、並且下意識看向時鐘——已經八點二十分了。想當然耳，連續劇已經開演了二十分鐘，劇情正在進行中。我坐下來看電視劇，但還是忍不住因為少看前面二十分鐘而生氣了起來，於是嘴裡喃喃咒罵，最後還罵到電視機頭上：「死電視、爛電視！你不會重頭播給我看啊！」話剛講完，電視就「唰」地變成一片雜訊。我以為是電視機壞了，心裡更是怒火中燒。

正當我起身要去找爸爸來修理電視機時，沒想到電視又突然恢復清晰的畫質，我才剛覺得奇怪，便赫然發現電視上的畫面是：「歡迎收看×視八點檔××××。」然後開始播放起主題曲，接著播映。我就這樣看了二十分鐘後，沒錯，接著播映的劇情，就是我剛回家、時鐘顯示八點二十分時，坐下來看到的那幾分鐘的情節。

我當場頭腦一片空白，身體也很僵硬，不知道為什麼就是沒有勇氣抬頭看時鐘，一直到播映結束。我每天準時收看八點檔，很確定我看的時間長度是對的——一個小時。待電視播完片尾曲後，我才抬頭看時鐘，一分不差，就是九點鐘。然後我沒有再繼續看其他節目，匆匆去洗澡後就睡了，而且好幾天之內脾氣都很謙和，不敢亂罵任何人事物，包括沒有生命的物體在內。

另一次類似的事件是發生在電話上。

有一天，我搭公車要去一位朋友家，時間已經遲了，偏偏又忘記帶手機，所以我在公車上就非常心急如焚。幸好我記得朋友家的電話，好不容易熬到下車了，立刻急急忙忙找到一臺投幣式公用電話，腦子裡一邊默念她家的電話號碼，一邊投幣……。此時，奇怪的事發生了，我才按下第一個鍵，還來不及輸入後面的號碼，電話就通了。我大吃一驚，因為我根本沒有按完號碼啊，它會把電話接到哪裡去？沒幾聲電話就被接起來了，是我朋友接的。但是我當下不知道該講什麼，就愣愣地跟她說我人在什麼位置、忘記帶手機、再過十分鐘就可以到她家……等等，然後同樣腦袋一片空白地繼續接下來的行程。

這兩件事完全超出我的理解範圍之外，我很少敢跟別人提起。只是有時候常常在想，這個世界難道真的是我要它怎麼樣，它就真的會照辦嗎？過了很多很多年以後，我才知道很多時候，的確是這個樣子沒錯，只是大部分願望實現的方式不會這麼直接。

父系淳樸的農村家庭

南部的生活讓我的個性變得帶有一點草根性，其實這挺不錯的。我媽媽不愛做家事，也很怕麻煩，所以要吃飯就是上餐廳，家裡需要打掃就請鐘點的清潔人員，小孩則由保母帶。此外，我讀的私立小學也將一般放學後的清掃工作請清潔人員代勞，學生放學就走人，頂多偶爾老師會教我們擦一下窗戶，練習的意味比較重。長期下來，會不會做家事是一回事（到現在我還是不會做家事），更不太妥當的是，在這種狀況下，我沒有機會看到日常生活的多面向。我覺得媽媽的確可以做她想做的事，她是位非常勇敢的女性，走到哪裡都能殺出一條血路賺到錢，每次看到《飄》的郝思嘉都會聯想到我媽媽，她們的性格非常像，這樣的人的確不適合處理太瑣碎的雜事；這一點，我倒是跟媽媽一樣。

嘉義的爺爺和奶奶家，是很普通的人家，住在一天只有早、午、晚三班公車經過，盛產蓮霧跟荔枝的小村子。我跟爸爸搬回去之前不久，他們才買了新的透天厝，牽了電話線。我記得更小的時候，爸爸帶我回嘉義探望爺爺、奶奶，當媽媽打電話來找我們時，都要打到村長家，村長再跑、跑、跑到我們屋子前的空地大喊：「柱仔（爺爺名），你媳婦打電話要找你兒子喔！」然後我們再跑到村長家去聽電話。

爺爺、奶奶很久以前是種田人，後來我上小學時，暑假回嘉義時發現他們在賣冰，之後改賣肉圓。有時候我也會幫忙做肉圓，我們都是用很天然的真材實料，連餡肉都是一刀刀用菜刀剁碎，而不是絞肉機器絞碎的，當然也沒有用任何食物添加物，連醬料都是自己熬煮出來的。爺爺奶奶家裡還有一個貨真價實、用磚頭砌出來的灶，用來蒸肉圓。爺爺會開著農耕機改造的貨車到深山裡賣肉圓，我跟妹妹回嘉義時超愛跟的，因為在山裡放眼望去是一整片林園，但彎來彎去就突然有一群住家出現，感覺像在探險。小村莊的生活裡，有懶洋洋的狗、勤勞的農夫，和蹦蹦跳跳的小孩們，小時候我不懂得什麼叫「田園風情」，但還是愈來愈喜歡那種悠哉樸實的氣氛。

高一時，爸爸再娶，我的小弟、小妹就陸續出生，整個家中的人口開始熱鬧起來。遺憾的是，高二時我的伯父發生車禍死亡。我剛回來爺爺奶奶家時，是家中唯一的內孫，所以長輩自然都很疼愛我。爸爸家也跟媽媽家一樣，是個向心力很強的家族。一直未娶的伯父就在家裡幫爺爺奶奶忙；出嫁的幾個姑姑也很常回家走動，一家子感情都很好。我比較受寵，所以對長輩講話常常沒大沒小，爸爸不在家時更嚴重。爺爺、奶奶和伯父都會在爸爸面前幫我掩護，說我很乖。

伯父的死讓我受了很大的打擊，覺得活著的人可能一下子就不在了。今天如果你對他不好的話，以後再也沒有機會對他好。有了這樣的體悟後，我才慢慢開始真的「乖」起來，不過同時對死亡的恐懼感又變得更重了。幸好幾個月後，我問爸爸有沒有夢到伯父時，爸爸說有，還說夢中的他好像只是來打個招呼，很平靜地微笑後就轉身走了。我想伯父是個好人，會有更好的去處等著他。

Chapter 9

從唱片宣傳到拋開一切不再為誰工作

我高職畢業後就隻身到臺北打拚，遊走傳媒圈。這圈子的人特別愛算命，每次我被朋友拉去「陪算」，命理師都鐵口直斷我會和他們走同一行。我才不信！我的志願是在傳播界成為獨當一面的製作人，但老是定不下來的工作運，彷彿指引我要走另一條路。

從嘉義的高職畢業後沒多久，我迫不及待地跑到臺北工作。我的功課沒有很差，事實上還不錯，學校生活也很快樂。我算是個出鋒頭的孩子，念的是喜歡的美工科，一些藝文類的比賽也都有很好的名次，在校內算是個風雲人物，但是我卻決定不繼續升學了。為什麼對學校抱持這麼大的反感呢？其實後來想一想，這種感覺從小學時的蚯蚓事件跟蠶寶寶事件就已經定型了，沒有任何方法可以撫平眼見一群大人對生命的不尊重所產生的排斥感。在學校的生活一向還算愉快，那是我運氣好、適應能力好，但是並不代表我適合待在這種體制裡。

剛到臺北時，我既沒學歷又沒有背景，只能先透過表舅的介紹，在旅行社當業務。這段時間雖然手頭拮据了一點，日子還算過得自在。只是工作和我的興趣不符，我喜歡文字和流行音樂，跑來臺北也是想找相關的工作。但是後來才發現，傳播業的職缺根本不太會透過報紙徵求，靠的是人脈的管道，也就是同樣科班背景出身的人互相介紹。問題是我在臺北連認識的人都沒幾個，根本不知道這類的求職管道在哪裡。

我決定咬緊牙關，碰碰運氣——基本上，我從小就命好、運氣好，別人很難做到的事，通常我都會遇上好機緣。正因為抱持著這種樂觀的想法，我才沒有馬上打退堂鼓躲回家裡。

雖然大家都不太看好我在臺北的前途，卻沒想到，我這一把還真的賭贏了。

遇見貴人，進傳媒工作

在旅行社當業務大約半年之後，我因為常在一個跟演藝圈相關的單位出入，遇到一位三十多歲在唱片界工作的大姊。她當時在一間頗負盛名、擁有很多大牌歌手、規模在臺灣算是中大型的唱片公司內擔任高階主管。我們第一次見面沒多久後，她就跟我要了電話號碼，又過了一星期，她就真的打電話給我，說要跟我談工作。

我跟她初次見面時，因為知道她的工作身分，很努力地想要引起她的注意。這對我來說不是難事，因為我從小到大就是那種最容易被大人發現、被人看好的人物。不過，面對這位唱片界大姊，那時我卻完全不知道該怎麼做才好。後來我決定順其自然，反正以前在學校被老師注意，也都是自然而然，並沒有刻意表現。後來這位大姊告訴我，我真的不用特別做什麼引起她注意，因為：「我一進門第一眼就看到妳了，我覺得妳一看就是我們這個圈子的人。」那時候她想幫我安排去當唱片宣傳。得到她的賞識，我雖然很高興，但並不確定自己是否適合做唱片宣傳的工作，因為那職務跟唱歌、文字都無關，跟我原來的興趣有段距離，我需要摸索。

雖然如此，這對我來說已經是天上掉下來的好機會了，所以仍舊欣喜萬分。這位大姊也很細心，她知道我真正想做的不止是這些，所以即使我沒多問，她後來還是主動告訴我：「我知道妳也能唱，但是我比較建議妳走幕後，不是因為覺得妳不夠格走幕前，正好相反，妳兩者都可以做。但是在我們這一行，走紅是要靠運氣的，妳要想到，要是妳沒紅怎麼辦？或者是紅不了多久，那又怎麼辦？」我沒有回答，她又繼續說：「跌下去要再爬起來，是很難的。如果妳不是這麼聰明，我可能會建議妳直接去闖一闖，但妳頭腦這麼好，可以做的事太多了，幕後好好經營，妳會是一號人物的，不用去冒這麼大的險。假使妳做幕後一陣子，真的還是想唱，我們再來安排看看。」

我那時才十八歲半，對她這番深謀遠慮的說法其實沒有聽得很懂，只是這也是我當時唯一的機會，她說什麼我都不會有意見，就點頭同意了。

過了幾年後，累積許多幕後的工作經驗，我才發現她的真知灼見，而且真的是為我設想。後來，我在放棄很多條件不好的簽約機會後，遇到一份我夢想中的合約——沒有被簽下以後就冷凍起來的危險，所有發片的細節跟程序都寫進合約，不會被綁死，這是新人根本想都不敢想的好待遇。但是這時我必須很嚴肅地去思考：我真的想走歌手這條路嗎？這次是玩真的，走下去就沒辦法回頭了。

在做了幾年唱片的幕後工作後，我已經不像高中剛畢業時那麼天真、那麼肯定，所以我必須真的確定自己要的是什麼。跟唱片公司開了幾次會，想了幾天後，我回覆對方：「我還是決定不簽了。很抱歉，不是你們的問題，是我回想這幾年看到的現象和工作經驗，我現在想清楚了，其實我不是這塊料。」然後，我就完全放掉當唱片歌手的想法了。至於想通的原因是什麼，因為跟這本書的主題無關，就不再贅述。

不過以上那些都是後話了，總之那時她向唱片公司推薦我；如果依正常管道來說，我應該是進不了這間公司的，一來我年紀太小，二來這間公司並不收完全沒有經驗的新人。是這位大姊跟老闆說，她覺得我很有潛力、很有天分，才終於被正式錄用。

唱片界不是一個普通的圈子，那間公司的高手又多，我在裡面做起事來真的是綁手又綁腳，既無法突顯自己的優勢幫上其他前輩的忙，又沒有辦法放下身段。

經過那段時間的工作經驗，我才發現自己以前真的沒受過什麼挫折。我總是一下子就被肯定、就被看好，很輕易地就能夠讓人覺得我可以、我做得很棒。那是我第一次遇到狀況，我根本無法掌握、也沒辦法跟上別人的腳步，所以很快就放棄了。因為我無法面對這些挫敗，也沒有辦法讓自己一步一步爬起來。講得再明確一點，我被嚇到了，所以曝露出自己的無能為力。我從來就不是愈戰愈勇的那一型，我一直靠小聰明表現，那是我此生第一次發現自己的不實在。

因此，我在那間唱片公司並沒有待很久就辭職了。一直到很久以後，我都覺得自己當年太軟弱，辜負了這位大姊的提拔。不過，在走出自己的路之後，我才知道凡事的機緣都有它一定的用意。雖然我在那家唱片公司沒有繼續發展下去，但就因為這份工作資歷，以及得到的一些人脈，讓我開始進入其他傳播相關產業。我陸續做過企劃、執行製作、公關文案、廣告配音配唱等工作，終於算是在我嚮往的領域中待下來，雖然也不是太順遂就是了。

成為精明的專業企劃

在傳播業的多年工作經驗，對我後來改行到神祕學圈，最有幫助的就是我見過太多形形色色的人。有時必須要低頭、要安撫、要揣摩對方的心意，有時還必須從對方講的一大堆沒有重點的閒話中，快速抓出他真正想要的是什麼，所以我現在占卜時，很擅長引導對方問出真正的重點。

舉例來說，當對方講了一段目前戀愛的狀況，但不知道從何問起，我可以很快理出重點：「好，那我們等等可以先問你們的感情，如果照目前的狀況，發展下去是好是壞？接著再問他對你的心態是什麼、對這段感情的需求又是什麼？最後我們可以問問你除了他之外，有沒有其他的正緣？這樣好嗎？」我可以在短短幾個問題中，就把全局釐清，不要讓當事人再耗費更多的時間跟金錢，問一些其實不是重點的問題。

我也曾經以企劃助理的職缺進入一家活動公關公司，短短兩個星期就升為正式企劃。雖然一開始不知道企劃案怎麼寫有點令人擔心，沒想到這倒成了我的優點。有一次公司趕著要一份草案，我覺得聽起來不難，就試著寫寫看，交了上去。我設想如果自己是要發包案件、要付錢的人，最想看到的是什麼？照著這樣的邏輯寫出來的企劃案，比公司內常見的規格還要詳盡，過案過得很快，驚動了上面的主管，於是我馬上被升職。

後來我又遇到一位很聰明、業務能力很強的女主管，經過她的指點，我更進一步精簡了我的企劃案寫法。尤其是寫招商的企劃案，我會濃縮成三至五頁，並且把效益評估放在第一頁。簡單地說，就是好的企劃要有業務的敏銳度，客戶沒有太多時間，而且他第一個想知道的是對他有什麼好處。雖然我是因為想做文字工作才來當企劃，但後來發現企劃跟文筆基本上沒有太大的關係，我憑著本能和機運發現了業務導向的重點，也變成一個企劃的好人才。當然，我不見得比其他人「聰明」多少，只是我比較「精明」。

那時因為很快受到了肯定，我的氣焰一下就高張了起來。我本來就不是一個謙和處事的人，還曾經把一個學歷比我高、年紀比我大、資歷也比我久，但是受長官重視度比我低的同事的企劃案丟回他面前，急躁地跟他說：「你寫這麼多字幹什麼？一疊企劃案找了半天都找不到要給人家的甜頭在哪裡！寫得落落長跟小說一樣，你是要把這個東西拿去參加文學創作比賽啊？」我並沒有好好地跟他溝通，也沒有告訴他我要的是什麼。後來花了很多時間，我才領悟到自己的這種講話方式，雖然不能說錯，但是實際上會扼殺很多其他的可能性，例如，這樣打擊到同事，他就沒機會成為我的幫手，幫我分擔更多重要的工作了。頭腦多想一下，才能關照到全局。

注定要走命理路？

在演藝圈、傳播圈中遊走的好處是，大家的人脈都廣、消息都靈通，什麼人事物都知道該找誰。而不管幕前幕後的人，因為在這種競爭激烈的圈子，要在短時間內下很多重大決定，感情方面也不能對外公開甚至求援，所以大家都很愛找算命師，而且找的都是收費昂貴、信徒眾多，也真的還有兩把刷子的老師——就我後來在神祕學界的經驗，真正頂尖的老師不會採用這樣的經營方式，但這些人還算有一定程度的功力，至少看到很多重點。不過其中也有愈走紅，功力就愈退步的，很讓人感嘆！

我遇過通靈的、用易經占卜的。通常是朋友或工作夥伴要去算命時，邀約我一起去。基本上，我根本沒有興趣，因為家裡面就一堆命理師了，反而我們自己不會什麼事都要算命，也不覺得算命很玄。但身邊的朋友連雜誌的十二星座專欄都看得很仔細，我忍不住失笑地說：「世界上幾十億人口，怎麼可能只有十二種命運？」我相信星座，但不相信命運可以用這麼簡單的分類來推算。

雖然我真的對算命一點興趣都沒有，但還是禁不住朋友的拖拉，跟著去過幾次，奇怪的是，每個老師都講出讓我極度吃驚的話。

不管跟我一起去的是什麼樣的名人，不管我怎麼躲在旁邊當陪客，沒有任何要算命的意思，話題都還是會扯到我身上來。不是說我帶什麼天命，就是說我是修行人的命格，這讓我很不耐煩：為什麼每個命理師講的話都一樣？他們編不出別的劇情了嗎？「難怪我們家的人看『外面』那些所謂命理師，都覺得他們是江湖術士。他們連劇本都編不好！」

我第一次開始正視算命這件事，是一位讓我覺得他講話很中肯的老師，我對「外面」的命理師很難有這種感覺。這位老師本身是間家具公司的老闆，幫人算命是為了還願。因為覺得他很有趣又親切，那時朋友一有困擾，我就帶去找他幫忙。有時會請他講前世，他覺得前世不是重點，所以都是稍微帶過，但我每個朋友都有過當修行人的前世。一次我大笑著說：「老師！你會不會看前世啊？怎麼可能每個人的前世都是修行人？沒有別的工作了嗎？」

他很平靜地看著我說：「這要問妳，妳有沒有想過，為什麼妳帶來的人全都有修行人的前世呢？」

我想一下後很震驚地說：「你該不會是想說我前世也是修行人吧？我覺得我不可能是，我一點修養都沒有，我自己很清楚。」

他說：「嗯，應該說妳不是『人』。」

我大驚：「那我是什麼？」

他笑一下說：「其實也不重要，以後妳自己有機會知道的。」然後問我：「妳對我在做的事有沒有興趣？我可以教妳。」我連忙搖頭表示沒興趣，他正色看了我很久，最後說：「沒關係，反正等時間到了，妳沒興趣也不行。」然後回頭繼續跟我的朋友說話。

他最後這句話我沒有聽進去，反而回去後跟朋友討論半天，整天幻想說既然我不是「人」，那該不會是被修行人整天敲的木魚、或是什麼念珠之類的吧？總之，每次陪朋友去算命都會被纏住不放，我真的覺得很倒楣。有那種信徒一大堆，結果講沒幾句話就硬要收我當徒弟，而且他的課程開價要幾十萬，我說我根本沒興趣也沒錢，他說：「如果妳跟我學，我一毛錢都不會跟妳收。」也有那種我根本沒興趣學，連算的興趣都沒有，結果我朋友把我的八字給他，他就跟我朋友興匆匆地討論起來，說我這樣又那樣，會是他們業界的一號人物。

連八字都還沒一撇，他就跟我的朋友幫我想在業界的「稱號」，還有看地點找未來開道場的地方等。我覺得這些人真是瘋了，他們應該去找個看起來法相莊嚴的人，要騙錢也比較有說服力。我那時才二十歲出頭，明明就是一副小女生的模樣，而且脾氣又差，講話又一副吊兒郎當的樣子……，要找我當神棍共犯？他們真沒看人的眼光！這種人賺得到錢才有鬼，我總是這樣在心裡暗罵。通常最後都是我被纏煩了，以一副氣沖沖的樣子跟他們撂狠話翻臉收場。

重點是，這些人雖然號稱「老師」，打扮不但不光鮮亮麗，還穿著老土。這樣的人非常認真地對我說：「妳以後會跟我們是一樣的。」真的會嚇到我！我才不要穿那麼乏味的衣服，也不要像雜誌上登廣告的算命師一樣，淪落到必須合成自己跟名人合照的假照片來招攬生意。雖然我沒親身遇到這樣的算命師，但就會讓我聯想到他們是同一型的。對那些給我忠告的老師們，真抱歉，那時我一直還認定自己會成為傳播界獨當一面的製作人，所以聽到這種話就會覺得：「開什麼玩笑，我前途光明燦爛，為什麼得跟你們一樣？」

療癒性質的「夜明珠」元靈

最後遇到的一位算命老師，也是陪朋友去的，他感覺就很謙和，談笑風生又很有幽默感，算是所有見過的算命師裡，最不會引起我反感的人了。此外，他會盡量避開怪力亂神的講法，即使是講到靈異的事，還是會給一個客觀的解釋，所以我對他的好感度，遠比對其他的算命老師高很多。

談不了幾分鐘，他突然盯著我的眼睛，說：「小姐，妳有學過算命嗎？」

我直覺回答：「沒有。」當然，我還記得姓名學，也玩過一些手相、面相，我自己半玩半算的結果的確滿準確的，但是對我出身的命理世家來說，那個不算「學」過，離「會」算命更有一大段距離。像我大表姊也說她不「會」算命，但她在加拿大念的是心理學，遇到她沒辦法決定要給什麼建議的諮商個案時，也還是會拿出從臺灣帶去的竹筒籤來抽。這不算是「會」，這是每個人都會玩玩的一點小把戲而已。不過，我沒跟他說這麼多。

他聽完我的回答，想了想又很困惑地說：「不對啊！就妳的『元靈』來看，妳應該要跟我同行。」

我當下心中暗暗叫苦，想說這一個不是正常多了嗎？怎麼又來了？但表面上我嘻嘻哈哈地問他：「我的『元靈』？是啥？」

他很肯定地說：「夜明珠。」

我那時第一個反應是：「什麼？夜明珠？難不成我這麼容易發胖，就是因為我注定是圓形的嗎？」然後心中暗暗地深受打擊。

他接著又說：「夜明珠在愈暗的地方愈亮，因此愈陰的東西愈喜歡妳，所以，妳才不怕鬼。」

我隨意地回答：「對啊！我還收集那種跟真人一樣的洋娃娃呢！」而且上臺北後有幾次鬼壓床的經驗，我醒來以後咒罵一陣，也還是翻個身就又繼續睡了。鬼壓床實在不是什麼可怕的事，從小我就習慣了，其實罵一罵它們就會走。

他接著問我：「小姐，妳是念什麼科系畢業的？」

「高職美工科。」

他很猶豫地說：「這樣不太對，妳知道嗎？雖然等時間一到，妳就會跟我們同行。可是妳從事命理這一行的時間不會太久，大約七到十年，因為妳以前也是做這行的，妳這輩子來只是要找出一個結論，等結論找到了，妳就轉行了。」

我很好奇地問：「哪個以前？」

他回答：「妳在英國當男人那個以前。」

咦？又是英國，這一點是很多人說過。然後我再問：「轉哪行？」

「妳的靈的本質，不是永久當算命師，最後妳是要當醫生的。」我聽完實在控制不住，放聲大笑。他很認真地教我不要笑，還教我考慮要不要回學校念書，考個醫學院之類的。當然，我是因為沒見識，他則因為年紀較長，那時候我們兩個人，都不知道有「身心靈療癒」這個領域。他甚至也要我去上他的易經課，一樣說不收我錢。

我說：「我沒辦法啦（但沒說我要學跟我爸爸學就可以了）！我沒興趣，我了不起愛看看星座書啦！」

他很不認同地說：「星座只有十二個，那哪會準？就算妳以前是西方人，這種東西還是要東方才正統啦！」

當然，這一天的所有談話中，在多年之後都證明，他只有最後這個部分說錯，前面所說其他部分都是對的。

從這位老師的工作室離開後，隔不了幾天我就把這些事全都忘光，一直到很久以後，我真的走上神祕學路，才又想起來。

一定不下來的工作運

話說雖然我在傳播圈經歷過很多職位，很多時候都交出還不錯的成績，也一直都有人願意延攬我進他們的team工作，但我的工作運就是不好。

是的，我的工作表現還不錯、工作意願也很強、也很受肯定，但就是會遇到很多奇奇怪怪的事。不是有人捲了金主的錢落跑，弄到節目不得不停播，就是公司改組，要不然就是我突然生病沒辦法加入重要的案子，只好引咎辭職……。

如果這些狀況都沒有發生，那麼我自己的心魔也會出來作亂：我每次一進新公司都倍受期待，一開始的表現也都很好，會拿下很難搞定的案子、挖出很稀有的人脈、或是做成大筆的交易，可是不出幾個月，我就會有種類似憂鬱的症狀，不想上班，覺得繼續工作我會死，我不想看到任何人，然後成績就一天一天下滑。那時我很搞不懂自己：為什麼遇到不穩定的工作機會，我就會很卯足全力？但工作一旦穩定了，我的力氣就消失了？

可能的原因很多，也許我真的本性就是禁不起考驗，我就是沒定性，我就是個草莓族；或是我必須要有挑戰，一旦太安逸，我就覺得生活沒有動力……，這些都有可能。但許多小原因背後，也許有一個更根本的大原因，就是我的確不是注定要在這一行久待，雖然那個時候我不明白。

那時我一直覺得一定是我的前半生運氣太好，現在要開始還債了，才會諸事不順。除了發脾氣、自怨自艾，還不時地掉眼淚、摔東西，前所未有的歇斯底里！我雖然向來脾氣不好，但從來沒有那麼悲觀自憐過。經濟也出了很大的問題，當我的工作狀況好時，就會車子壞掉、突然得搬家、有重大事項要花錢；工作狀況差時就更不用說了，因此常需要爸爸、媽媽，甚至妹妹的資助。他們一直都搞不清楚，我一直都有工作，為什麼總是沒有足夠的錢？或是為什麼要花錢的地方比其他女孩子多那麼多？

這種狀況一直到工作了五年，都沒有改善，但我還是很堅決地認為，我一輩子都要做跟音樂、傳媒相關的工作，我不會去別的地方，總有一天會名利雙收——我的信念持續到命運逼得我不得不轉彎為止。

在我上臺北工作四、五年之後，整個職場運勢一路失控下滑。我雖然很容易離職、轉職，但都是有一個很確切的原因，勞資雙方也都說得清清楚楚，所以公司跟我彼此之間都不會有什麼太大的惡評。但最後一年，我不管到哪間公司、擔任什麼職務，都會謠言滿天飛，最後我去工作的兩間公司，居然用同樣一個理由——有外面的人來通報公司，說妳在外面私接case——要我走路。

我真的是整個傻眼！從剛出社會一直到那時，我很少沒在公司待到十點過後的，即使早早就下班，若沒有約會或其他待辦事項，吃了飯、逛逛書店後，就會因為無聊又跑回公司寫案子。即使在我對工作最倦怠時也是如此，這已經是一種習慣，哪來的時間私接case啊？不過，我那時要找工作真的不難，雖然有一些不好的謠言，但還是可以找到地方待。

最後，好像真的非得離開這個圈子一樣，我在工作上出現一個從來沒犯過、理應也不可能犯下的大失誤，把一堆人跟公司在我手上的檔期全部排亂，整個活動工作完全無法排定銜接，連訂好的器材跟場地時間也全部都要取消。而且我的腦了愈來愈混亂，事件延燒下去的結果，就是讓一個案子砸在我手上。我至今都還搞不清楚自己是怎麼出這個錯的，那種工作只需要普通的執行能力，對我來說一點難度都沒有，但它就是發生了。

我蜷曲在沙發上，整個人變成一團情緒

事後我辭掉工作在家裡發愣，一直試圖釐清這到底是怎麼回事？但我惡劣的心情通常不會維持很久，雖然覺得這一次臉丟大了，但朋友們跟男友還是很支持我，何況大家都知道我很容易就會再找到新工作。我留了一星期的時間自我調適，想等到心情平靜一點再繼續跟其他公司談。

然而，就當我很快地覺得心情要恢復正常時，前一天還是我最堅強的盟友、至交，甚至可以稱為是我的粉絲的男友，隔了一天突然提出分手，說他覺得我們愈來愈不適合，沒辦法跟我繼續走下去。

我的反應很沒有風度，發了一場脾氣以後就走人了。回到家，我一邊準備寫案子，心裡的憤怒一邊燒到無以復加。對我來說，失戀並沒有多痛，我在意的是被背叛的感覺。他和我從普通的朋友，一直到變成男女朋友，對我一向都是忠心耿耿。那一天卻突然提出分手，我覺得自己完全不認識他了。我很不習慣遭受背叛，尤其在我的工作遠景看來一片慘澹的時

候。我覺得自己好像在短短幾天內突然什麼都沒了，心中的憤怒跟挫敗升到了以往未曾有過的最高點，提筆時都覺得自己要爆炸了。

然後，就發生了一件奇怪的事情。我腦海中最後的印象，是我打開記事本正準備整裡一些東西，隔天要寫成案子去跟另一家公司談工作，接著，我還沒落筆，就覺得周圍變得很奇怪，好像時間慢下來了，我還沒來得及意識過來，就感覺自己整個身體往沙發上慢慢躺下來，蜷縮成曲狀，然後開始有一大堆東西從我的身體裡面衝出來。

是情緒，各式各樣的情緒，我整個人已經完全沒有思考的能力，腦海中完全是我從小到大所有事情的播放畫面，我好像站上一個更高的角度，可以全面性地看到自己是一個什麼樣的人。我看到很多當時我自認為是機智跟反應快的表現，正像一把劍一樣地刺往某個人的要害，我很清楚那種傷害卻絲毫不以為意。我也看到很多時候我做了一些多餘的事，純粹是為了自己的形象著想，我甚至不惜用突顯他人的無能跟愚蠢來襯托我自己，但是當下其實不需要這樣做。我為了受到他人肯定，甚至把別人踹下水，純粹是出於惡意的看熱鬧心態。我還看到許許多多自己任性、無知妄為，在很多好人的包容下毫不猶豫出手傷人的往事……，但是在我過去做這些事的時候，卻沒有意識到自己做了什麼。在那時一看，卻像水晶一樣清楚，我過去的所作所為就是一種自私的妄為！

在當時的狀況下，我沒有腦筋去批判自己，只有情緒存在，我整個人變成一團情緒。過去一幕幕出現，讓我的羞愧跟淚水湧出來，就像是這些快速播放的畫面在絞扭我的身體跟靈魂一樣，把這些悔恨都榨出來……。

這個過程持續了很久，一些吃喝拉撒睡的日常瑣事，我依稀記得都有進行，但我的心智完全沉浸在那種情緒中，算是腦中活在另一個世界裡，整個人渾渾噩噩的。不知道翻來覆去哭了多久，我才覺得意識慢慢恢復清明，又回到現實世界來了。

跟以往不同的是，我整個人有一種前所未有的平靜，不帶任何感情地問自己：「妳現在知道了，妳還要活下去嗎？」

我想了一會，自己回答自己：「要。」

在說「要」的當下，所有的羞愧、自責跟悲傷通通都不見了。都過去了，我又是一個新的人，沒有批判也不用懺悔，我知道有什麼東西從我身上洗掉了。接著，我起身去梳洗、打開電視，後來看到新聞才發現，離我最後有印象，開始要動筆寫草案的那一刻，已經過去了一星期。

我知道自己跟之前不一樣了，但真的要具體說出哪裡不同也說不上來，知道有一種平靜跟信心充滿體內；我知道不用慌張，知道命運自有它的安排。幾天過後，一位跟我相知很深的朋友約我吃飯，吃到一半時他盯著我：「不知道為什麼，我覺得妳今天變了一個人，好像不是以前的那個妳。」

我一邊吃一邊很感興趣地問：「是嗎？」

他很嚴肅地又看了我一會兒，然後說：「但我說不上來哪裡不同。」我沒講話，繼續吃飯，再過一會他失笑地說：「我想可能是我最近太累了，想東想西的。」

我也笑著回答：「原來是這樣啊！」

不是我賣關子，而是實際上真的沒有什麼可以說的，老實說，我也不知道到底發生了什麼事情。

放下不適合自己的雞肋

接下來我又回到工作崗位上，但是心情坦然多了，開始可以隨和、柔軟，不再動不動就看人不順眼。

當然，這並不是說我變成脾氣多好的聖人，只是我把過去幾年沒長大的份一次補回來，變得比較像個「社會人」，也開始有接受挫折跟失敗的能力，此外，終於漸漸懂得當初爸爸講的很多話，真正的深意在哪裡。

過一年多後，大約二十四、五歲時，工作跟男友都換了新的，我和新男友也論及婚嫁了。媽媽要我在基隆一個新社區買間小套房，以防我脾氣太差，萬一跟老公吵架就提了行李衝出家門，落到無處可去（大笑），所以半年多之間，我完成了從看房到買下房子的人生大事，不過住進自己的房子後，我反而覺得沒有結婚的必要了，就這樣拖下去。

雖然心境轉了，但我的工作運跟戀愛運還是一樣定不下來，常常要換來換去。有一次，我又同樣在工作上覺得累了，離職之後，又開始在擬資料，打算去跟下一間看起來工作會很有趣的公司面談。但是整理資料到一半，我突然覺得很疲憊，我不知道自己在做什麼，人生為什麼會走到這種地步？愛情方面我覺得不適合，但如果分手了，我也厭倦定不下來的日子。我知道和對方結婚，一定會離婚，但是不結又不知道怎麼走下去。工作也一樣，我知道都是老樣子，現在興致勃勃談新工作，過幾個月後一定還是一樣在這個地方整理資料跟下一間公司談。我痛恨這樣定不下來、卻又不能不變動的狀況。跟一年多前不一樣的地方是，這次不是遭受打擊，我看起來都有路可以走，只是我自己心裡知道，我一直不停地在繞圈子，一切都還是會回到原地。我，不知道自己該怎麼辦。

那天，我覺得我受夠了，想要停止繼續原地踏步。把所有的資料扔掉之後，我向新公司說我不去面談，然後跟所有的親友宣布：「我從此之後，再也不幫任何人上班了。」

那時，有人氣急敗壞地問我：「為什麼？」

我說：「我工作這些年，每去一家公司還不是什麼資源都靠自己？同事跟上司也很少有不是笨蛋的，既然我明明就很聰明，為什麼要幫別人？我應該自己做事。如果我活不下去，那就證明我沒有自己以為的那麼聰明。」

他說：「那妳想好下一步該做什麼了嗎？」

我說：「沒有，我不打算給自己留退路。總之不是成功翻身，就是餓死，我已經做好要餓死的心理準備了。」我很平靜地準備好要面對未知的一切。

生命就是這樣，很多新的一切在等待你，就看你何時有勇氣放下不適合的雞肋。

Chapter 10

貓與女巫神算館

我覺得自己的世界崩裂了，不只是因為失去貓咪，而是我的價值觀受到挑戰：我一直覺得只要自己夠努力、夠強勢，就可以控制事情的發展，但是這些道理在我的愛貓身上都不適用。最後我真的受不了，再這樣下去一定會瘋掉，只好整天去書店狂翻生命哲學相關的書。最後經由一個會解一點點星盤的朋友的啟發，我開始接觸到占星。一見星盤，我雖然看不到當事人，但有一種熟悉的感動。我覺得一個人的星盤，比站在我眼前的本人還要真實，我終於決定——就是這個東西了！

就在我跟親朋好友宣布不再為任何人上班的第二天，我遇到改變我一生的對象，就是我生命中的第一隻貓。

我覺得很多時候，事情不能思考，一思考你就會停下來。如果有足夠的動力讓你想要做一件事，你就不能想太多得失，不然改變的機會稍縱即逝。在有房貸的狀況下決定再也不當上班族，而且根本不知道下一步在哪裡，實在是一個很笨的決定；在沒有確定工作、沒有存款又要養房子的狀況下，養了一隻貓，是一個更笨的決定——但是現在回頭看，我生命中沒有比那二十四小時之內更聰明的時候了。

人生轉角遇見貓

在下定決心不當上班族的隔天，我騎車打算去大賣場買些日用品，發動車子後，我突然不想騎平日常走的那條大馬路，想要鑽一鑽小巷子，雖然是繞遠路，又只是沒啥特別風景的住宅區，但我就是想走。

剛剛轉進巷子，就看到路邊有一個比老鼠大一點點的黑色東西在慢慢蠕動，我看了一眼繼續騎，到半路時覺得不太安心，又繞回來看，發現那團東西看起來像是連路都不會走的小貓。當下我就猶豫了，我從來沒有養過貓，也不是很喜歡貓，我對貓是一點認知跟感情都沒有的。

在不知道怎麼處理的當下，我使勁地跺著地面，想要嚇嚇牠，讓牠躲進比較隱密的地方，免得在路邊被車子輾過或是被狗咬了。沒料到，這隻小貓的反應不是退縮，反而舉起牠那根本無力的小爪子，試圖攻擊我的鞋子。

「好傢伙！」我心裡不自覺地有了一點敬意，這種膽識不是人或狗會有的，我開始不忍心把這麼白目的小貓放在路邊了，牠一定會遇到危險。

但要怎麼做？

苦惱半天後我總算想到：「對了！聽說有一個地方叫做獸醫院，這樣好了，我付錢讓醫生醫小貓、餵小貓，然後看看有誰喜歡貓，就送他好了。」（真的是想得很單純啊）接著，我伸手把小貓舉起來，跟牠四目交接之後（現在回想起來都覺得詭異），我沒有做什麼決定，牠在那一刻就變成我的貓了。

我跟附近的住家要了紙箱、舊衣，安置在警衛室，然後去買幼貓罐頭、貓砂，隔幾天帶牠去給獸醫檢查再帶回家，每兩小時餵牠一次，把牠拉拔長大。一直到一個多月之後，我跟牠玩逗貓棒，我突然好像清醒過來：「咦？我不是說要把牠帶去獸醫院給人認養嗎？我是什麼時候決定要養牠的？事情是怎麼發生的？」完全沒有想法為何轉變的印象，我總覺得這件事情是牠決定的，不是我決定的。

牠是個小女生，我幫牠命名為Gucci，叫著叫著後來慢慢變成中文的咕姬，綽號是女王。我帶牠回家那時，醫生說牠才兩週大、剛開眼，但沒有教我怎麼養牠。我帶回了其實根本不適合牠那個年紀食用的幼貓罐頭。那麼小的幼貓只能喝貓用奶粉或羊奶，跟一般人的認知不同，小貓其實是不能喝牛奶的。用罐頭餵牠，牠當然是不會吃了，但我土法煉鋼，想說也許牠想念媽媽的體溫，就用熱水把罐頭肉泥磨細，放在手掌心，牠就咂咂咂地啜起來了。之後平均每兩小時我就要重複一次這個過程，也因而真的沒時間去當上班族，貓咪是拉住我不讓我走回頭路的恩人。

養貓不只是養貓

養貓對我來說不只是養貓，牠轉化了我心靈中的某些東西，讓最柔軟的那一面有機會展現出來。我像是生了孩子的媽媽一樣，生命中充滿了跟過去二十幾年來截然不同的一種光采。貓咪給予我的不是陪伴跟樂趣，而是把我整個人打開。對於牠的任性跟調皮，我不但不會缺乏耐性，反而覺得對一隻貓唯唯諾諾是很大的樂趣。

我從來就不是一個天真的人，我精明絕頂、防禦性極強，對人、對事有一定的戒心。我沒有被同事朋友背叛到灰心過，也沒有為了愛情絕望過，因為在一開始，我就已經守住該保留的程度——我從來不曾打開整個心房，我總是算得好好的，停損點跟可接受的損失範圍，都在我的算計之內；我也從來不會為了人心軟，因為每個人都有為自己負責的義務，我希望每個人都好好的，但是如果他把自己弄得不好，我會祝他好運，但也就僅止於此。我忙自己的事都忙不完了！

但在貓咪面前，我可以把我整個人袒露出來，我可以愚蠢、軟弱、該死的多愁善感，我不用保留，也不用計算親密的程度有無逾越界線，更不用衡量我付出了多少。牠就是無助的小東西，全世界只有我可以保護牠，牠也只信任我、只擁有我。我不能不把全部的心都掏出來，因為我覺得只要稍有保留，牠就會因缺乏關注而受傷。我在遇到貓咪之前，所謂堅強的個性只是一種逞強，其實脆弱到禁不起一次跌跤。在有了我必須守護的對象以後，我不知不覺意志更堅定，也更無畏，才變成了真正的堅強。雖然只是一隻貓，但是「為母則強」這句話在我身上表露無遺。

我覺得自己這輩子沒有這麼愛過。貓咪沒有給我什麼，但光因為牠們的存在，對我就是極大的幸福。我後來又收養了Armani跟Ruby，並開始大肆地撿棄貓，當起貓的中途之家來，甚至纏著認識的獸醫教我打針配藥，以防止我如果在半夜撿到貓時，打電話叫不醒醫生。每天早上醒來，一看到小貓們吃飯、曬太陽、玩耍，還有咕姬懶洋洋跟不可一世的樣子，就覺得生命實在是太有意思了。

如果不是貓，可能一旦要靠自己討生活，沒兩天我就放棄了。但是我不知道為什麼，想到家裡有牠們等著，我就變得非常胸有成竹。

我沒有再回去當上班族，而是整天翻雜誌、在街上逛來逛去，憑著以往工作經驗掌握的一些廠商，我只要覺得某間店或是公司，看起來試圖想要拓展路線（祕訣是看他們最近辦的活動，就可以嗅出他們的目的），我就會上門開發新客戶。同樣的，我對客戶提案的重點，也不在案子本身，在於我知道他們要的是什麼，「目的」才是最重要的。一旦我說中客戶真正想要的，又可以明確講出他們缺乏的是什麼，他們對我就有了一半的信任。接著，我亮出廠商名單，把前置作業做好，再告訴他們：「你們只要點個頭，事情就完成一半了。」讓他們不用冒險、不用耗費過多的心力在專案上，大部分的客戶都會點頭。

如果案子大一點，那就更簡單，找個有執行能力的小型公司直接發包出去，我只要抽成跟盯進度就好了。慢慢地我發現，這就是所謂的業務能力。所以我又去接觸其他公司的業務單位，主動提出幫他們代銷服務或商品，但我不上班不領底薪，請他們給我更高的佣金。這個社會一向是業務掛帥，只要賣得出東西，沒有人會拒絕你。每天我只要到處聯絡一下，去吃個飯、開個會，工作就算做完了，利潤還比我以前當上班族最高的薪水都有過之而無不及。我抓到我的生存法則了！

有愛就更害怕失去

每天服侍貓的日子很幸福，但是我這種純粹的幸福並沒有持續多久。因為只要有愛，就要面臨失去的危險，牽絆也就更深。我經手的貓一多，就會遇到生病的、太小就被母貓遺棄的、受傷的等各式各樣的貓，我當然沒辦法一出手都救活，所以總免不了要面臨死別。每一次我都心如刀割，又想起了小時候的種種事情，像是被酒精滴死的蚯蚓、一堆一堆被丟進垃圾桶的蛾、教學觀察後就沒人管牠們死活的蝌蚪跟魚。我覺得生命的消失實在是太恐怖了，也愈來愈畏懼：當自己或親友死亡的那一天，我該怎麼辦？那種對死亡隱約的恐懼變得愈來愈實在。

我從小每晚都會做夢，而且常常是整夜的夢，夢中永遠充滿了追逐、急躁、迫在眉睫的壓力，因此都睡得很累。很神奇的是，自從跟貓一起生活之後，我的夜夢就停止了，開始可以放鬆地享受睡眠。

接著發生一些奇怪的跡象，凡是我送醫或收留過，但最後沒辦法活下來的貓咪，當天夜裡我一定會夢到牠們，而且夢境都一樣：貓咪會從牠們斷氣、或是在我家停留的最後一個地方，原本是躺著不動，然後慢慢復活，我會很高興地跟牠們玩耍、相聚。在夢裡和每隻往生的貓相聚的時間長短不同，有些貓只停留一陣子，有些貓似乎停留一整夜。最後我家的大門會自動打開，外面有一道光，貓咪看看我，就會然後跑出門，進入光中。等夢醒之後，我就會好多了。

Ruby不到三個月大時，就因球蟲爆發，搶救不及而過世。但我明明都有做好驅蟲，所以很不甘心，牠過世當晚也有回來探望我。我決心要守護好咕姬跟Armani。Armani是隻金吉拉小公貓，來時才一個多月大，因為頭頂都禿光、尾巴也沒有毛，牠的前一個主人覺得照顧牠太麻煩了，就讓我接手。我帶牠去看獸醫，連獸醫都說牠體質太差，可能活不過三個月大。但牠是那麼人見人愛，我弟弟妹妹都疼牠，連只大牠一個多月的咕姬都以牠的保母自居，亦步亦趨地照顧牠。

我不能讓牠死！所以我花了所有的力氣，讀所有我能拿到的動物保健書，找遍好獸醫。在牠十一個月大時，頭頂上的毛已經快要長齊、尾巴也變得蓬鬆漂亮時，沒想到卻得了急性肺炎，我每天帶牠跑兩趟獸醫院，整天不停哭、不停禱告，但牠最後還是死了。

Armani過世當天晚上也有入夢，牠從籃子中復活，走到客廳中間，沒看我，卻一直盯著大門。我正要迎上前去抱牠時，大門「砰」地一聲打開，牠像等了很久一樣飛奔而去。我醒來後很錯愕，一直想著牠是否在怪我沒救活牠，所以連道別都不願意多停留一會兒。

我覺得自己的世界崩裂了，不只是因為失去貓咪，而是我的價值觀受到挑戰：我一直覺得如果自己夠努力夠強勢，就可以控制事情的發展，但是這些道理在我心愛的貓身上都不適用。如果命運就是那麼殘酷，人類怎樣都鬥不過它，那麼我們何必像傀儡般地活下去呢？生命到底有什麼意義？我整整當了半年的行屍走肉，連笑都笑不出來。

接觸占星學

到最後我真的受不了，覺得再這樣下去自己一定會瘋掉，只好整天去書店狂翻生命哲學相關的書，想找到一點點意義。最後點亮我的一盞明燈，是奧修的書，我終於稍微可以穩定下來，好像找到一個新的依歸。

然後我一頭栽進各種大師的書籍中，去探討命運到底是怎麼回事。弄不清楚，我是不甘心的。最後經由一個會解一點點星盤的朋友的啟發，我開始接觸到占星。一見星盤，我雖然看不到當事人，但有一種熟悉的感動。我覺得一個人的星盤，比站在我眼前的本人還要真實，我終於決定——就是這個東西了！

剛開始玩占星時，要確定自己是幾點幾分出生，我爸爸說我出生是介於十二點十分至十五分之間，但十三分時占星宮位就換了，這樣我沒辦法確認。第二天爸爸又打電話來說，他用八字的方法來看，我是女兒又是頭胎，應該是十分之前就出生了才對，後來再跟其他人印證，果然我是十二點七分時出生的。後來媽媽跟我說，那不是個人盤的排法，而是要把全家人的八字命盤都互相對照來看，才能確定排行老幾的孩子，最有可能的出生時間是什麼時候。這應該不是八字學中的既定道理，而是命理師看了太多命盤之後，累積的經驗談。

我看不懂原文書，而當時市面上好的占星中文書又不多，我除了占星書，就又看遍各種天文書、行星成分的分析資料，因為一時還找不到老師，所以我抱著先看看也好，不用一定會占星的心情，整天大量地吞下這些資料。沒想到在很短的時間內，我看到星盤時，已經開始知道它要跟我說什麼了。但我對現有的資料不是很滿意，我希望得到的是學習上的指引，而非更多的資料。

當時我因為要送養貓咪，開始學會了用電腦網路，也加入一些有趣的論壇。開始累積出一點網路的名氣，是因為寫兩性的相關文章，慢慢地變成一群固定的女性網友，這時我們開始談每個人會的東西，愈討論愈熱烈，我覺得這種交換心得的方式才是我要的，就成立了「女巫神算館」的神祕學論壇，在上面跟各方好手交流心得，一邊學習。最後，也經由管理論壇的心得跟累積的人脈，漸漸踏上專業的占星師、塔羅占卜師，乃至專業講師的道路。

自學塔羅牌

我學塔羅牌同樣沒有拜師。就因為沒有上課，要學會一樣繁瑣的東西，必須先掌握住它們組合而成的原料是哪些東西，占星跟塔羅都是如此。所以我對一張牌的牌義沒有興趣，對於「為什麼它是這個牌義」比較感興趣。因此我不是用背資料的方式學成的，而是了解它們的原理，打散再組合。之後我教學生時也用同樣的邏輯，寫星座和塔羅的書時也都非常注意基本結構，所以可以藉由最少的資料，來組合出最複雜的結論。

學塔羅牌的機緣也挺有趣，那時我在網路上認識了網友希莉亞，她也才剛開始學塔羅牌幾個月而已。一直到現在，她都還是我研究神祕學路途上的夥伴。我們有一群網友，就紫微斗數、占星、塔羅、姓名學等雜在一起聊。本來我對沒有精密數據推論的東西，抱持著懷疑的態度，那時身邊有朋友看我玩占星玩得有模有樣，建議我去學「一種叫做塔羅牌的東西」，我總是充滿不屑地說：「拜託！我們占星至少是有個客觀時間點的邏輯，這樣才會準，塔羅牌這種東西不過是隨機地抽個幾張，這種沒根據的東西會準才有鬼！」

話雖如此，可是大家一起在網上玩久了，慢慢也發現塔羅牌占算的方向，雖然跟占星、八字這種命理類的東西不太相同，而且塔羅牌的答案是很個人化，範圍又極精確，慢慢地我也開始好奇起來。在網上回答大多塔羅牌問題的是希莉亞，我終於下定決心發了一封私人訊息給希莉亞，說：「我有件事放在心裡很久很久了，一直都沒有解決，妳可以用電話幫我算算塔羅牌嗎？」

她後來說，當時收到我的信時大吃一驚，以為是什麼重大的感情事件，馬上回信給我說她願意試試看。

其實事情還是跟寵物有關，我在小學一年級時曾養過烏龜。那時家中開茶葉店，每天晚上關店後我們就回家，我會把烏龜放在小水族箱裡拎回家，有一天我實在很想捧著牠，回家時只順手把牠放進口袋，要上車前一摸口袋，卻發現烏龜不見了，之後在不遠的地面找到牠，起先我很高興，後來發現不太對勁，牠的嘴角居然有一絲血，推測是被人踩到了導致內臟破裂。

那時我又愧疚又著急，但是什麼都不能做，父母也沒有獸醫院的觀念，爸爸只能無奈地說：「我們觀察看看好了。」我沿路哭著回家。爸媽睡著後，我還爬起來偷看烏龜，看著牠很虛弱很無力的模樣，心裡就更急了，這一切都是我害的！我一直哭到睡著，隔天是星期日，醒來後爸媽都出門了，我再去看烏龜時，牠已經斷氣了。我幾乎是崩潰大哭，除了跟心愛的寵物分別之外，更多的是愧疚跟自責，我不知道怎麼承擔這樣的心理負擔。

大人們並不同情，我覺得那時的世界，大人永遠在忙、忙、忙，他們根本沒空去關心一條生命！（所以除非我不用再為柴米油鹽奔忙，能過得非常悠哉，悠哉到可以讓自己保有同情心跟耐心，否則我就絕對不會結婚生子。我非常痛恨那種讓自己工作忙到沒時間，而失去人性的生活方式。）我為烏龜之死而痛哭、自責，不但爸媽覺得我太誇張，隔兩天我在學校吃午餐時，又悲從中來開始掉眼淚，我們是嚴格到沒啥天良的天主教私立小學，吃午餐時要禱告、鋪餐巾，而且不能發出任何聲音，所以一哭當然被老師發現了，她把我叫到講桌旁，很嚴格地問我為什麼哭。我終於忍不住了：「我的烏龜死了……」幾個字後，就接不了話，開始大哭。老師沒處罰我，反而是笑了出來，倒也不是在取笑我，只是一副覺得我小題大作，她有點無奈的樣子，要我回到座位上。（老師的反應其實不算太冷血，她至少沒有生氣或命令我不准哭，但我還是懷恨在心好幾年，一直不能理解這有什麼好笑！）

雖然是八歲時的事，但我每每想起來，那種愧疚感還是沒有一刻減少過，跟希莉亞通電話時，我講了這件事。我們討論過後，她說幫我用「感情式牌陣」算這件事。很奇怪的是，當時我並沒有特地去記，而且我也還不認得塔羅牌，但一直到現在，我都還記得抽到那幾張最重點的牌。

希莉亞很有耐心地跟我講解她抽的牌，以及每一張牌的位置，還有牌的圖案及意思。

第一張抽出，她說：「這一張是代表當事人，也就是妳，在事件當下的心情。」

講完她翻開牌，有一點驚訝地說：「噢！我想滿準的，這張牌是寶劍三。」

「那是什麼？」

希莉亞說：「嗯……這張牌的圖案，是三把劍插在一顆心上，代表妳那時是非常非常傷心的。」

「那當然呀！」我一邊回答一邊又心酸了起來，畢竟烏龜什麼錯都沒犯，一切都是因為我太不小心了，牠真的很冤枉。接著，我又問：「我想知道牠有沒有怪我？」

希莉亞說：「接下來有個位置，是表示這隻烏龜，在事件發生當時對妳的感覺。」講完她翻牌，馬上很驚喜地說：「啊！是聖杯一耶！」我問那是什麼，希莉亞很誠懇地說：「牠一定沒有怪妳！這張牌在塔羅牌中，是代表最最純粹、最最沒有雜質的愛，牠還是很愛妳的。」她講到這邊，我已經開始哭了，我一直覺得動物跟人真的不一樣，牠們的純淨，是什麼事都沒有辦法汙染的。

我因為不停地哭，沒辦法再發問什麼，希莉亞等了好一會兒後，主動說：「那我們來看看牠現在有沒有什麼話要跟妳說？」

我說好，希莉亞翻牌後，停了一會兒後才繼續說：「這個，我想是一張非常清楚的牌。我抽到一張寶劍六，這張牌老師說它是『療傷牌』，既然是療傷牌，圖案又是離開傷心之地，我覺得牠是要妳忘掉這件事，不要再難過了。」我很認同，因為這也是我心裡猜牠想跟我說的事。

最後我們討論一下其他牌，可能都是在意料之內，所以我印象不太深刻，最後我很不好意思地問：「我知道這樣問很蠢啦！但有辦法知道牠現在過得好不好嗎？」

希莉亞聽起來有點驚慌失措：「啊？我……我不知道可不可以這樣問耶！」但我很堅持，她最後答應試試看，但她也很怕不知道怎麼解。

她翻牌後愣了好一會兒，很為難地跟我說：「我不知道這張牌怎麼解！」

我也不知道該怎麼辦，兩人沉默了一陣子後，希莉亞說：「這樣子好了，我把牌的意思告訴妳，妳自己試著想想看有沒有什麼地方，能讓妳了解它的意義？」我說好後，她就開始形容：「這張牌，是一個很有藝術氣質，很漂亮的單身女孩子，住在自己的城堡中，她養了一隻鳥，頭是紅的，身體是黃的……」

聽到這幾句，我頭腦中已經有「轟」的一聲，她不知道是什麼意思，但是我知道！那時有種全身起雞皮疙瘩的感覺，我打斷希莉亞：「我知道了，我知道什麼意思！」

她很好奇地問：「什麼意思？」我記得我那時幾乎快喘不過氣來：「是我妹妹……」過了幾秒後，我這才接下去：「我妹妹，她是鋼琴老師，她單身，住自己的房子。」

「嗯？」

「她上個月才買了一隻小鸚哥，現在對那隻鳥非常疼愛，就是紅臉黃身體！」

希莉亞那時一聽就很興奮：「天哪！原來是這樣。這不是當事人的話，誰想得到是這種意思呢！那妳可以放心了，妳妹妹一定會很疼這隻鳥的。」

以我們現在的眼光來看，這些牌的牌義，我們當時都太直照字面解了！但我發現，有時新手的牌，都會有一種用白話文來表達的傾向，一翻兩瞪眼，會很好解。隨著程度的加深，牌面的呈現才會有複雜化的傾向。當時的牌雖然簡單，但已經足以震撼我了，我多年心上的大石頭也放了下來，倒不是過了那麼多年還放不下一隻烏龜，而是那種自責跟罪惡感，真的可以纏著人很久很久……，真不知道要怎麼表達我的感謝！

接著我開始對塔羅牌也產生興趣，因為找不到可以盡情討論的地方，所以帶著這票姊妹出來成立了神算館，然後研究、進而教學……，在我開了第一個塔羅班後，當時的朋友還取笑我：「妳當初不是說，這種東西會準才有鬼嗎？」

我的回答是：「這個嘛！因為我本來就相信世界上有鬼，所以……」（笑）

後來藉由占星跟塔羅同好的交流，在網路上認識很多體質特殊、或有修行的朋友，有一天我跟一位從小修行，感應力很強的朋友聊MSN時，跟他說了Armani的事，他聽了後本來也跟我一起感嘆，也在幫我想，有什麼方式可以跟Armani解釋，我真的已經很努力救牠了。聊著聊著，他突然叫我等一下，沒過多久他打電話來，跟我說：「妳說本來醫生說牠活不過三個月？」

我說對呀！

他接著問：「那妳有沒有想過，牠本來就應該走了，牠已經盡牠所能，留在妳身邊盡量久一點了，所以牠一死，時間也迫在眉睫，牠不得不馬上走。」

他一說完，我突然覺得胸中的鬱結之氣都解開了，是這樣沒錯！人在聽到正確的話時，身體會有反應，我很高興地說：「原來是這樣！你太聰明了！我怎麼沒想到？」

他淡淡地跟我說：「我當然不會知道，是妳的貓剛剛來告訴我的。」

我聽完心一酸，如果不是Armani走了，我不會走上神祕學這條路，而且一路順遂理所當然地走下去，沒有遇過瓶頸，彷彿這才是我真正適合的地方，原來這是Armani要送我的禮物。

朋友接著說：「牠告訴我，希望妳保重，妳還有很多事要做。」

我笑淚交雜，覺得心中一顆大石頭終於落下來了。

人與貓的三方通話

雖然很多人告訴我，我還有很多事要做，但我是一個懶散的人，同行都研究身心靈治療，我卻一點興趣都沒有，就這樣不長進地過了幾年，我生命中最大的打擊出現了。

有天朋友希莉亞撿到一隻小貓，照顧兩週後卻突然在睡夢中死亡，她哭得很淒慘。我聽到覺得全身發麻，覺得命運本來就是這樣常常偷襲人的。我那天抱住咕姬跟牠說：「咕姬，妳不可以這樣突然出事喔！妳走了的話，媽咪也不要活了。」牠很嚴肅地盯著我。當天我就夢到咕姬，就在我的房間中，我以為我醒過來了，但窗外的天色一下變白天、一下變晚上，我翻出手機，手機上的時間也一直快速變化。咕姬坐在床尾一臉平靜地看著我，我突然覺得牠叫我閉上眼睛，我一闔眼，就覺得眼前出現像是電腦打字一樣的話，很多很多……，但我全都不記得了，只記得到了最後，上面寫：「之後會有狀況發生，但是妳不用怕，妳只要記得，我會陪妳很久很久，比妳想像的還久。」之後我就醒了，貓咪們一樣在旁來來去去，像是什麼事都沒發生一樣。

過幾個月後，才六歲多的咕姬就生病了，一病就很重，所有醫生都說沒有救。我不打算投降，甚至願意賣了房子給牠換器官，大家都告訴我臺灣沒有這種技術的獸醫，但我這個人面對命運一向沒有什麼中庸之道，不然就是隨便它處置，不然就是掐著它的脖子逼它就範；所以我決定要把這種獸醫找出來！他一定得存在！最後真的被我找到了，跌破大家眼鏡，有一位獸醫在國外執業時有做過相關手術，我當下立刻將咕姬送去臺中住院，準備相關事宜。但好像在跟我開玩笑一樣，這位獸醫用最精密的檢驗儀器跟技術，最後告訴我牠的問題不在器官，不能用移植器官的方式來解決，但是他可以全力救治。果然兩週後，咕姬的狀況漸漸有進步，可以吃飯也有力氣多了。

在我抱著一絲希望，卻不知道未來會如何的那時，一位叫Lana的朋友常常告訴我咕姬的狀況，還有牠希望我怎麼做，每一次驗證都是對的；我很依賴她的說法，她說不知道為什麼，她覺得咕姬不太像隻普通的貓，即使是隔空跟牠對話，牠一定也接收得到。我開玩笑跟她說：「那妳幫我告訴咕姬，牠不能死，牠死了我也不要活了。」

她很高興地說：「好啊！我試試看。」

我講完其實就算了，沒想到過了幾分鐘，Lana很緊張地在ＭＳＮ上敲我，說她不曉得怎麼說這件事，雖然聽起來很詭異，雖然她不曉得是不是她自己的錯覺，但是咕姬好像回應她了耶！

我很好奇地問她咕姬說啥，Lana說：「咕姬說牠在考慮，因為牠還有很多事情要忙。牠雖然很愛我，但我對牠而言，比較像是眾多的客人（？）之一，牠沒有空一直留在我身邊，而且現在留下來，過兩年也要走，結果是一樣的……」

我還在消化這些話，Lana突然又很震驚地說：「我現在看到咕姬的樣子了，浮現在我腦海裡，可是這怎麼可能？」Lana沒來過我家，也沒見過咕姬，也不知道咕姬的花色或特徵，她唯一知道的，就是咕姬的病情，我就問她是不是虎斑貓？請她形容給我聽，Lana說：

「不是虎斑，是黃褐黑等色雜在一起，有一點點斑紋，然後牠的瞳孔很特別，瞳仁大到幾乎占滿整個眼眶。」

這下換我大吃一驚，因為咕姬的虎斑的確很模糊，雖然熟悉貓的人，都可以看得出咕姬系出虎斑一族，但Lana對貓的毛色並不熟悉，從她眼中看來，自然會覺得那樣的毛色不是虎斑了，而瞳仁大到出奇，是我家幾隻貓的共同特徵。

我還在想這一定有問題，除非咕姬可以讓我看到無法反駁的證據，不然說不定是我自己的念頭被Lana接收到，例如說，她總該知道我家的樣子吧？至少……至少也要知道我家窗簾的顏色吧？

我念頭才剛動，Lana馬上問我：「咕姬在哪？」我說在醫院，她又說：「醫院裡有沒有窗簾？」我一聽已經開始震驚了，但還是很鎮定說沒有呀！醫院在地下室，並沒有窗簾，我幾乎不太敢呼吸，等著她接下來到底要說什麼。這時Lana好像鬆了一口氣的樣子說：「喔！好吧！那沒事了，看來真的是我自己的想像。」這時她因為安心了，就敘述起來：「我看到咕姬一邊傳訊息給我，一邊跳來跳去，速度快到跟用飛的一樣，背景就是一幅粉紅色的漂亮窗簾，陽光從窗簾透進來，粉紅色的窗簾變成了有點粉橘色的感覺……」

我打斷Lana，告訴她：「那是我家的窗簾。」

這真的不可能，朋友幾乎都沒來過我家，即使是知道我家窗簾顏色的妹妹，也不知道在夏天，陽光透過窗簾曬進整間屋子，那時窗簾會從粉紅色染成粉橘色，我常常抱著咕姬欣賞美麗的光影，然後告訴牠：「咕姬妳看，變成橘色了耶！」

Lana聽了，震驚到隔天幾乎要去收驚！

咕姬最後還是走了，通常動物斷氣那一刻，瞳仁中的光芒會散開，牠彌留前我趕到醫院抱著牠，牠在我懷中斷氣時，眼中的光芒並沒有渙散，還是看了我很久。

我那時第一個想法是：「死了也好，這樣我就不用擔心妳會死了。現在我就有更多時間，去把妳找出來了。我要證明我要的東西，連死亡都奪不走。」然後身體好像反而生出一股力氣來。

牠過世沒幾天之後，我睡醒前，突然覺得有一種奇異的力量把我抬起來，我的身體到了半空，被一種奶油色的光芒包起來，然後我感覺到整個人被分解，跟整個宇宙融為一體，充滿著極端的幸福跟喜悅。

那時我正處在最痛苦的時候，心想：「我怎麼可能這麼高興？」但是那種極端的快樂包圍著我，過了良久，我才有慢慢下降的感覺，然後慢慢醒轉。稍晚跟妹妹談起，才發現那天就是咕姬的頭七。

牠真是了不起的貓，而且可以帶給我這種強大的喜悅感，表示牠到了一個頻率很高的地方吧！這稍微撫慰了我。

再過一個月後，我拿出一直很喜歡，卻始終不知道它在跟我講什麼的「奧修禪卡」（奧修體系的塔羅牌），卻突然發現，每看一張牌，它的意思都清楚在我腦中呈現，而且跟我對原本塔羅牌的理解是可以融合在一起的。我放下牌，想著——

這代表什麼？

中醫疏通濁氣

由於這幾年來面對貓咪的生離死別，加上咕姬離開這最後一擊，讓我的身體健康直線下滑。前幾年已經內分泌失調得非常嚴重，這一年更是變本加厲，整個身體幾乎沒有一個地方是舒服的。

有一天半夜睡醒，我決定去找中醫調養，為什麼是中醫？我也不知道，總之朋友推薦了幾個人，我憑直覺挑了一個，就這樣認識鄭醫生。

第一次去針灸時，鄭醫生不多話，我也沒講什麼，但他幫我針灸時，我閉上眼睛後，眼前有很多白光飛來飛去，那時我告訴自己：「好吧！那幫我的人應該就是他了。」治療幾次，我的體力恢復得很快，其他經絡阻塞疏通的進度雖慢些，但至少都看得到效果。而真正起的作用，不止在健康方面。

我有很多有陰陽眼跟通靈體質的朋友，我常戲稱在他們面前我是礦物、是麻瓜，因為接收不到任何東西。我的占星跟塔羅牌，也都是學術邏輯性質，我不提倡直覺（實際上那也無法提倡），但我每一個特殊體質朋友都告訴我：「妳跟我們是一樣的，只是妳的身體裡濁氣跟情緒太多，所以接收了也感應不到。」

我都只當他們在安慰我。

結果中醫對我來說比打坐什麼的都還有效，鄭醫生幫我治療幾次後，我開始收得到各種不同宗教物品或能量物品的訊息。任何東西有無能量，我一摸就可以接收到。我本來不知道是因為身體治療的關係，只覺得是不是又無意中被什麼東西打開了？後來我介紹了幾個朋友去讓鄭醫生調養身體，其中一些人治療過後，居然出現跟我相同的感應能力，我這才想到當初朋友說的「身體濁氣太重」。治療經絡本來就是要將濁氣跟廢物排出，經絡一暢通，感受能力自然清晰，也就可以接受能量頻率了。

我是二〇〇三年開始研究神祕學，這一年是二〇〇九年，也就是我踏入神祕學界的第七年。就像當年那位算命老師跟我說的一樣，要開始轉方向了。

踏上身心靈療癒之路

鄭醫生對我的反應感到非常好奇，也引起了他的興趣，他是由西醫轉中醫的，兩者的相關理論都很清楚，更方便我驗證。我就請鄭醫生用他的中、西醫專業，提供我一些看法，嘗試了業界內廣被使用的花精、靈性彩油、能量金屬……等等身心靈療癒，他的專業跟使用的檢測儀器都給了我很大的幫助。

我也開始向鄭醫生學習經絡，他則跟我學占星及塔羅牌。身體的不適和心情上的大起大落，實在讓我吃了太多苦頭，我一輩子都沒有想過我會經歷這些事——出社會後的風風雨雨，還有跟親友之間的生離死別。

我看到社會上很多無辜的人因為生離死別悲傷，或是因為打擊而失去了求生意志，以前我只能逃避或祈禱他們可以走出來卻愛莫能助，現在我覺得，如果有方式可以提高身體的能量，也許就可以提升他們求生的意志。我從來不相信自己可以幫助別人，但若可以向他們證明能量跟頻率的效果，那麼他們自然可以幫助自己。

就像我小時候對那些不受人重視的生命的悲傷，也是在見證很多靈性不滅的事件之後，才終於獲得緩解。不然在我前半生，就算是最快樂的時候，也沒有辦法擺脫那種恐懼。生命走到這一步時，我終於開始沒有那麼害怕死亡了。

我常常在想，貓咪幫我跨出去的，是這個生命中最大的一步。如果沒有貓咪，也沒有我小時候那些用死亡啟發我的小動物，我可能會繼續過一般人的日子，不敢找答案也不敢脫離原有的生命框架。

我們都把自己保護得太好了，但心是不能藏起來的，也不能拿來供在玻璃櫃裡；它必須被裸露出來，甚至被狠狠地擊打和撕碎——經由心的破裂，才能打開另一道更深的門。不過，人都不喜歡讓心受到傷害，所以命運只好插手幫我們的忙了。

前一陣子，我重看《告別娑婆》跟《與神對話》兩書，心裡犯嘀咕，作者遇到的困境我也都遭逢過啊！神跟高靈為什麼就是不來找我？是我不夠格嗎？還是神對人仍然是有分別的？我試圖回想我最茫然失措的那個時間點，比較我的狀況跟作者的悲慘有何差別時，才猛然地想起來——神有回應我啊！這麼明顯。

祂把我的貓送來給我了，那是我此生最大也最好的一份禮物。牠們推著我走過這麼多路，一次又一次的自己蛻變，貓咪給我的一切，絕不比神或高靈差。那時我需要的，不是一個來帶領我的人，因為我從來不服從權威；我要的是一個需要我的對象，比我脆弱的、能讓我卸下心防的，好讓我把自己完全打開。如果我的心沒有開放，恩典是進不來的，轉化也不會發生。我得到的賞賜沒有比任何人差，神一定會回應我們。

我一直在等待上天的眷顧，一直覺得祂沒有看到我，一直認為我不屬於上天垂憐的幸運者。但事實上，神選擇了每一個人。

後來，我的學生中有一位是臼井靈氣Master級的老師，專攻身心靈療癒，她隨口問我要不要上她的課，我不假思索就答應了，其實那個時候我連靈氣是什麼都不太知道。回家後上網查資料，才知道它是一種改變自身頻率、促進身心都轉化的靈療方式。我高興極了，這是我一直在找的東西。

在二〇〇九到二〇一〇年間，我幾乎把所有能找得到的療癒課都研究了一遍，整個觀念也開始轉變，加上因為咕姬的事，很多朋友推薦許多很好的書，以及生命哲學的觀念，我從小到大的恐懼跟陰影，開始一點一滴地散掉了。

在學習的過程中，我才知道原來指導靈傳訊息的方式中，有一種就是把訊息像用電腦打字一樣的型態呈現在你腦海裡（之後經過多種管道的訊息跟驗證，很驚訝地發現原來咕姬的靈格是指導靈）。資料中也提到過，星光體的層次就是有一層金色的光會把你包起來，然後你會覺得跟萬物連在一起，極度喜悅。如果不是因為經歷過極度的哀傷，我不會發現這些其他的靈性面貌。

也恭喜我自己，找到一條可以一直研究下去的方向，再也不必原地打轉；也不必對生命的每一個浪頭感到恐懼，覺得它是要來毀掉我的——畢竟，人如果沒有破碎過，就沒有辦法排列成更好的組合。經由對自己身心靈的認知，還有學習跟練習，我找到咕姬了，牠不是隨傳隨到，但我們可以經由能量場傳遞訊息，牠也在我每次要插手管流浪動物的事情時，都很明確地幫上忙，甚至協助轉化其他過世動物的能量場，帶牠們到更好的地方去（我在這一領域資歷尚淺，所以常常不知道發生了什麼事，是其他治療師或主人回應讓我知道的）。

我終於可以把心安下來了，因為就算沒有辦法避免生命的打擊變故，也知道有一些永遠不會改變的東西，在背後支持著我們。

part / III

命理和我想的不一樣

Chapter 11

爸爸的命理筆記本

外公教我爸爸命理時，要他將自己的理解和邏輯，彙整成個人專屬的筆記本。我從爸爸的筆記本學到姓名學數字和位置的性質，然後自由發揮，沒想到竟然也算得很準。我也會看筆跡，不過這些玩票性質的算法，常常是短期準，長期則不太靈光。還沒深入神祕學的精髓前，我總覺得「命理不過如此」。

我認為，自己踏入神祕學界第一個真正研究的項目，應該算是西洋占星。不過，嚴格說來，因為環境關係，首次接觸的神祕學當然是東方命理。

我小時候找書自學過手相、面相，還有從我爸爸的筆記學了姓名學。這些筆記是當初外公教他命理時要求他做的，外公認為每個人對一項學問的理解跟建立的邏輯都不同，所以必須自己蒐集所有的資料，並整理成個人專屬的筆記。爸爸的筆記都放在我家客廳的書櫃上，很容易取得，因此我把其中的姓名學筆記拿來看著玩，到學校幫同學算。而且很神奇的是，同學們的回應都認為很準確，後來甚至有老師也要我幫她算。

我知道的姓名學

那時，我的姓名學算法其實很簡單，也算不上專業，反正姓名學的五格，各有各的性質，我就以筆劃吉凶為主，通通加在一起看。然後，依每一格主掌的年齡階段，分出先後發生的次序，再連結起來變成一件事。例如：

若是每格出現美貌運勢暗示數，但其他四格則否，我會把美貌性質削弱，淡化成一種人緣不錯的狀況，再看看下一個的運勢，就知道他的外緣——也就是他身邊的朋友——會給他帶來什麼影響，他的人際關係如何……等等，其實算不上專業的命理學問，這種用法比較藝術化一點（笑）。

曾有一位高中同學，把她爸爸、媽媽和哥哥的姓名都讓我算一遍，她認為我講的都很符合事實。當然，依我現在的狀況回頭看，我那時講的其實都很籠統，畢竟學藝未精，可能因為同學都是沒出社會的學生，沒有那麼挑，大方向說對了，他們就很滿意了。

有一天，這個同學寫了她哥哥的本名要我算，而且很嚴肅地說：「我哥哥大我很多歲，上次妳算的是改過後的名字，這是之前的本名，我哥哥說如果妳這次還能算準，知道他為什麼要改名，他就真的佩服妳！」

我算一下這個本名，詳細的數據我已經忘了，只記得這個名字給我一種不管在學業、工作、愛情方面，都有很多不利因素的感覺，而且「不利」並不是阻礙很多，而是本身力量就不夠。但一個年輕男生怎麼可能什麼事都沒辦法做呢？因此我問她：「妳哥哥之前身體很不好吧？」

她聽完嚇了一大跳，說：「對耶！大病沒有，但身子底不好，讓他沒辦法長期做很投入的工作，所以他就改名字了。」

我說：「其實他也不用改，這個名字到後來就會愈來愈好，他三十歲了嗎？那應該要開始好了。」

她很認同地說：「對啊！他說他改名後就變好了。」

我說：「不管改不改名都會變好的。」

依我的感覺，姓名學既然不能敵過八字，那只是我們觀察的一個工具，看看他這一生運程的走法如何。最後，我並沒有對他改名的行為做出什麼評論，我想也許是因為他要開始轉運了，所以他才跑去改名字，讓自己有更大的信心，這也沒什麼不可以。

神祕學不是一個蘿蔔一個坑

就像多年後我開始玩占星，跟另一個占星朋友聊天，有一天她問我：「天空，我最近買了一顆海水藍寶（一種寶石，和祖母綠同為『綠柱石』家族），覺得戴上後自己的感應能力的確增強了。但沒幾天後，我心血來潮調出流年盤來看，發現海王星剛好合我的上升點。那我的感應力變強，是因為海王星的作用，還是因為海水藍寶的作用？」我回答道：「因為海王星的作用，所以妳會去買這顆海水藍寶。」

神祕學很好玩的是，它並非一個蘿蔔一個坑，很多事情可以同時發生，我也不會硬要去釐清哪一個才是源頭。或許，它們都不是源頭，這一切的背後其實有更大的作用力存在。

不過我並沒有正式學命理，也沒有問過爸爸的心得，何況我第一次接觸才十三歲，爸爸也覺得還不到正式開始研究命理的年齡。於是，他放任我自己去玩，並沒有指點什麼。所以就算算得準，我也不知道原理在哪裡。

不同於一般市售的命理書，爸爸的命理筆記並沒有長篇大論的自吹自擂和刻意神化，也沒有鐵口直斷的文字風格。從這些純粹被當成資料的筆記之中，我隱隱約約感覺到，市售的姓名學書或是其他命理書，全都太過想要表達某些我稱之為「賣點」的東西了！因此，寫得太斬釘截鐵反而顯得狹隘。

爸爸的姓名學筆記，就是純粹記錄一個數字或是位置的「性質」，所以我可以自由綜合連結跟發揮。

不過，到了書店一翻開姓名學的書，每一本書上寫的都是「××數必然怎樣怎樣」，這種說法就會產生矛盾，例如「人格」是吉數，但「地格」或「總格」卻是凶數，怎麼辨呢？一個部分顯示窮困，另一個部分又顯示財富，又該如何？

note 1

神祕學很好玩的是，它並非一個蘿蔔一個坑，很多事情可以同時發生，我也不會硬要去釐清哪一個才是源頭。或許，其實它們都不是源頭，這一切的背後還有更大的作用力存在。

看完這些書讓我反而消化不良，所以又把書擺回架上，回家繼續土法煉鋼。

從小處觀察整體

之後我愈玩愈覺得觀察才是最重要的部分。

我並沒有受過正式的命理訓練，只是按照命格上顯示的「軌跡」，來觀察命主生命流動的方式，結果算得很準，說不定這種方法應用在任何事情上都可行？就像如果一個同事連做件小事情都虎頭蛇尾，我可以看出他無論去每一間公司，表現都會愈來愈差，最後變得沒有影響力，不是離職就是被大家忽略——見微知著就是這個道理！

有一天我心血來潮，把某位同事的文件拿來看，看他筆跡的流動方式。我發現他的字在左半部跟上半部（也就是一開始下筆的部分），比較細密圓滑，愈到後面筆跡愈剛硬，跟他的個性特質不謀而合：他平常總是默默地把所有事的基礎都做好，一開始不跟我們搶鋒頭，但是工作開始執行時，當我們相繼有突發狀況後，就變得愈來愈倚重沉默卻穩定的他，最後他變成工作團隊的主要核心。

我發現，不管看什麼小事，都可以看到這個人的整體，所以觀察筆跡也變成我看人、或是給朋友一些人生提示的方式。

雖然我掌握住一些原理，可是沒有邏輯的訓練，有時會發生很多事情當下準、短期準，但長期發展卻不如我預期的地方。這就一定是因為當年我觀察的論點，只依據我並不長的人生經驗，但是命運的安排和格局比我的腦袋大多了，如果不了解天道的走向，我永遠沒辦法知道長期的發展會是什麼。不過，當年我只很草率地下了個「命理不過就如此」的結論，愈來愈少去碰了。

至於占星，我從小就不相信星座運勢。我從爸爸的筆記本，接觸過最簡單的姓名學，都沒有一個蘿蔔一個坑的必然說法了，何況星座只有十二個，人怎麼可能只有十二種命運？我們幾個同樣都是雙子座的朋友，運氣都不一樣了，星座運勢怎麼可能準？

至於星座背後的原理，我倒是非常有興趣了解。我認為，星座運勢之所以不會準，是因為它太粗糙，而非這門學問不好。但是我記得當時到了書店，拿起一本正式的占星學書，才翻了幾頁，就很快下了結論：「我的頭好痛，這種複雜的東西跟數學一樣難，一輩子都不會跟我沾上關係的。」就把占星書放回書架上，之後再也沒動過要研究它的念頭了。

note❷

老實說，市售的姓名學書或其他命理書，都太過想要表達「賣點」，結果，寫得太斬釘截鐵，反而更顯得其狹隘！我爸的姓名學筆記可就不一樣，他只是純粹記錄一個數字或是位置的「性質」，讓我可以自由綜合連結跟發揮。

Chapter 12

顛覆西洋占星的刻板印象

我在國、高中的時候就整天在講星座的事情，但十二個星座怎麼可能道盡複雜的人性和多變的個性？何況，命理從來就不是「一個蘿蔔一個坑」的呀！

我會接觸到占星，是因為愛貓Armani的過世。再深層一點看，或許只能說機緣到了。

我從小就不相信所謂的星座運勢專欄，但我不是不喜歡星座。相反的，我許多國中、高中同學們對我最深刻的印象就是：整天在講星座的事情。甚至在畢業多年後，有位高中同學看到某本星座書的作者名字，跟我本名的最後一個字相同，加上我高中的國文考試跟國語文競賽成績一向很好，就認定我跑去寫星座書了。其實我雖然喜歡談星座，但也有些疑慮。

複雜的人性與多變的個性

我一向不贊成用個性來為每個星座下註解。我們從小到大，每一個階段、時期，個性都是不一樣的；當面對不同的人、不同的事件，我們展現出來的個性也都會跟著調整。

此外，世界人口有幾十億，要說只有十二種個性類別，實在是很難說服得了我。我在紫微斗數跟八字的書籍資料裡也常看到「××坐命的人必定如何如何……」的論點，而一整張八字命盤明明項目跟變數就都很多！所以，我猜想星座也是一樣，背後有一個更龐大繁複的理論，十二星座談的只是冰山一角罷了。雖說有著這樣的認知，我還是很愛看星座書。

即使是相同星座的人，也有著不同的個性，但每個星座歸納出來的共同點，還是有其神奇之處，我也從跟每個同學哈啦星座特質的過程中發現一件更有趣的事——人性的複雜。

每個星座的特質在書中看起來都相同，然而我們遇到同星座的人，各自之間都還是有很大的不同；但從星座書上的論點來看，又可找出異中有同、同中有異；這讓我領悟到——十個人很有可能因為相同的背後原因，卻做出十種不同的事；十個人也可能因為十個不同的理由，而做出同樣的一個行為。「人性」跟「個性」是不同的。舉例來說，獅子座和牡羊座同樣都愛面子，但獅子座可能就跟牡羊座愛面子的「方式」不同，而會傷害到他們自尊心的

note❸

注意！「人性」跟「個性」可是不同的！舉例來說，獅子座和牡羊座同樣都很愛面子，但獅子座跟牡羊座愛面子的「方式」可能就不同，而會傷害到他們自尊心的「事件」也不同；獅子座和牡羊座的人，也許因為同樣的「理由」愛面子，但各自之間維護尊嚴跟爭取認同的手法又都不一樣。

「事件」也不同。獅子座和牡羊座的人，也許因為同樣的「理由」愛面子，但各自之間維護尊嚴跟爭取認同的手法又都不一樣，有趣極了！

因此我發現到，每當我知道一個人的星座，與其告訴他「你會怎麼做、是什麼樣的個性」，不如告訴他「你遇到什麼事的時候，會有什麼想法」來得準確。

在我第一本星座書出版後，收到讀者的眾多迴響，其中一則就寫著：「我覺得妳寫得很準，我以前都認為我跟幾個朋友都是水瓶座的，可是我們個性都不一樣，我也認為我不像水瓶座。可是妳的書裡面寫的不是水瓶座的個性，而是水瓶座會有的OS，我看了就發現，我實在是太水瓶了。」與其去寫每一個星座的外在表現，不如抓住他們內在會有的想法及反應。所以，我還是一直很愛聊星座。

比數學還複雜的占星術

出社會後我曾經好奇想要一探究竟，到書店去翻書，那時有關真正占星學的書籍非常稀少，可能是因為接受度不高的關係吧。我完全可以理解出版商的選擇，因為我好不容易找到一本講正統的占星學的書，打開後不超過二十秒就馬上闔起來放回架上，心有餘悸地想：

「天哪！這個比數學還要複雜的東西，應該一輩子都不會跟我扯上關係吧！」

有一句話很適合形容這件事：沒有比「不可能發生」的事，更有可能發生了。

幾年後，就如同前文提到的，我因為愛貓Armani的過世，變得絕望而不知所措，大概有半年的時間，我完全笑不出來，拚命尋找可以慰藉我的資料，因為發現了奧修大師，開啟了對靈性界的興趣。在這之前，看到這一類哲學跟靈性很強的書，我是自動避開的，因為覺得這種內容跟我的世界一點關係都沒有。

真正接觸到占星，是起源於認識一位玩了六年占星的大哥。其實他的解盤法很簡單，就是「××星在××星座會怎樣」這種解法，對宮位也不熟，結論也滿籠統的，但是因為跟我以前聽到那種粗糙的星座學已經大不相同，所以還是引起了我的興趣，覺得超厲害。

本來他對我說：「占星這個東西邏輯性很強，妳們女生可能很難學得會，要看星盤我幫妳看就好了。」我一直很崇敬專業，只覺得他人真好，連忙稱是，完全打消自學的念頭。但有天他電腦不太方便，請我去占星排盤軟體的網頁打星盤，天宮圖（星盤）一打好出現在我面前時，我突然有了一種很異樣的感覺，我覺得它在對我說話，雖然我什麼都看不懂，可是我覺得這種天生的構成，比解剖能看到的還要深層。那時有一種感動，在什麼都不了解的情況下，我下了決定：「這個東西我一定要學。」

note 4

坊間占星書都大同小異，講的都是：「××星落入××星座（或第X宮）會這樣那樣」，如果真的這麼簡單，那也不需要占星師了，我們買本書照著翻就好啦！

之後對占星熟悉了，回過頭去排出我下決定這一天的流年命盤，發現象徵改革、創新，以及新時代精神的天王星，剛好在那幾天合相我命盤中的上升點，也就是第一宮（命宮）。果然摧毀了我舊有的人生觀，啟動了我生命中全新的階段。

抄來抄去的占星書

一開始當然是收集所有我能找得到的占星資料，但每一本都大同小異，對於相位、宮位、行星、星座等都沒有本質上的闡述，就算是有試圖解釋，老實說也講得不清不楚，最多的就是關鍵字；但是常常好幾個不同的星座，都擁有同一個關鍵字的特質，或是某個行星某個星座，在一堆關鍵字中還有好幾個是相互矛盾的，這就讓我很不滿意了，覺得看起來就只是同一堆資料在抄來抄去而已嘛！

於是，再找一下有關占星的老師，不過因為介紹不清楚，我很怕占星老師講的就跟書上差不多（後來發現好像真的大部分也是這樣），所以也沒敢報名。

老實說，每本書跟每種課講的都是：「星落入星座（或第宮）會這樣那樣……。」我看到有點煩，因為對照過很多人之後，發現準確度也不高，或是就算大體上雖準，卻不夠精確，跟我印象中長輩替人算命時可以講出來的程度差多了。依我的認知，命理從來就不是「一個蘿蔔一個坑」的東西！如果真的這麼簡單，那也不需要占星師了，我們買本書照著翻就好啦！也不至於照著翻書都還不準。但是某些符合的地方，的確是滿能打到點的，我自學占星不到兩星期，就在這個地方卡住了。

只要跟「星星」扯上關係的都不放過

最後我就用了追根究柢的方法。因為實在是太喜歡占星了，我對每個行星、每個星座都有興趣。

有一天，我發起狠來，買了一臺菜籃車，推到當時還位於地下室的光華商場，只要見到跟「星」字扯上邊的書，全部都丟進去菜籃車裡，不僅是占星書，還有天文學書、神話故事、歷史源流、觀星指南、簡易化學書（因為每個行星主要的物質、氣體成分都不同）等，那時的想法很簡單，就是：「先不要想什麼學占星的事了，不會解盤也沒關係，我先把這些基本的東西搞得滾瓜爛熟再說。」在我的經驗中，基礎愈穩固，後來的發展也就會愈水到渠成。

也許真的跟占星有緣，所有的資料我都好喜歡，一旦打開書本就捨不得闔上；還曾有連續閱讀了三十幾個小時捨不得睡，最後引發眼壓過高劇烈頭痛，被鄰居緊急送去急診的事件！就在這樣不管三七二十一，大量讀資料的狀況下，我發現吞下去的東西，好像在無意識中自己整合起來了。

我一開始也是試著要用文字寫出「×星落入××星座××宮」的制式方法去解盤，但總是卡卡的、解不順，或是不同性質之間互相矛盾；對於相位的解釋，我不太能理解九十度跟一百八十度，這兩種凶相位到底有什麼不同？所有的書都寫得很模糊、模稜兩可，有時我甚至懷疑連占星書作者本身都不見得搞得懂它們的意思後來又覺得也許他們很清楚，但表達能力不佳。

當局者迷，旁觀者清

沒多久發生一件事，讓我開竅了。

我這個人有個毛病，講白一點，大概就是「當局者迷，旁觀者清」吧——每次問自己的事，都永遠想不通；不過若是別人問我他們的事，我為了回答，通常什麼事都想得出來。

有人問我：「我朋友上升星座跟太陽星座都在雙魚座，可是她一點都不像雙魚的個性，為什麼會這樣呢？」

我本來愣住，後來突然靈光一閃，問她：「那妳朋友會不會喜歡誇張華麗的打扮，喜歡呼朋引伴，對人很爽朗但有點迷糊？」

她回答道：「是這樣沒錯啊！但這些都不是雙魚座的特質啊！為什麼會這樣？」

我繼續說：「因為占星書上說上升點是第一宮起點，第一宮是命宮又管外型，太陽是獅子座守護星，太陽跟上升點在同一個星座代表兩者很靠近，而太陽接近上升就會讓一個人外顯的部分受到太陽的影響，就會很有獅子座的味道。重友情、打扮華麗、不計較細節，都是獅子座的特質。」

這下我終於知道了，占星就是這種感覺，雖然我還無法說出一個明確的邏輯。

從元素和三態檢視星座的組合

接著我從星座開始，因為我非常認同風、火、水、土四個元素的理論，但是每一象的三個星座中，總會有一、兩個星座，跟它所屬的元素有些落差，例如天蠍座並沒有那麼像水象、處女座並沒有那麼像土象。然後，我搞清楚了差異點，問題出在三態宮——也就是基本、固定、變動。如果元素跟三態不合，就會產生誤差，例如天蠍屬於流動、沒主見的水，但卻也屬於固執堅持的固定宮，這兩者結合之下，水元素的特質就會被掩蓋掉了（但還是存在）。因此我開始去檢視每個星座的組合，找出我覺得不合理的地方。

這些觀察形成了我二〇〇八年出版的占星書的特質，從每一個構成元件去追溯，找出每個星座最原始的成分。

比方說，我寫的獅子座就跟所有星座書上說的都不一樣，一般星座書認為獅子座霸氣、凶悍、愛指使人，我卻說獅子座容易害羞、服務性強、溫良恭儉讓。為什麼呢？因為獅子座由太陽掌管，而太陽雖然是王者，卻不是霸氣凶惡那種，反而像一國之君，非常希望大家認同他；加上是固定宮，對自己的要求也很高，所以非常維護自己的形象。凶悍跟不講理的地方是有，但這一面不會在眾人面前展現，只會在親近的人面前表現出來。

至於星座書為什麼寫得都一樣呢？我只能猜想，因為他們看的資料都是同樣的原文書，或是抄自同樣原文書的中文書，再加上自己的想像，所以不那麼精確的觀念就一傳十、十傳百吧？

探索每顆行星的深度和複雜度

再來就是很多初學占星的人都感到困擾的地方，因為大家看的都是「××星在××宮會怎樣」的書，但如果兩者性質相異的行星，進入同一個宮位，會產生什麼結果呢？我覺得這拜我沒有抱著目的性大量看書之賜，每一顆行星在我眼中，都沒有那麼絕對，它們的深度跟複雜度，更不是一般占星書上賦予它們的關鍵字就可以涵蓋的。

有一次在課堂上，也是學生發問：「老師，我看的資料上說，土星如果進入第二宮（占星學上的財帛宮），那代表花錢會很小氣，海王星進入第二宮，那花錢會沒有計畫性、漫無節制，但是我的土星跟海王星都落入第二宮，這要怎麼解釋呢？」

這的確會形成困擾，因為土星是謹慎、緊縮，海王星是散漫、憑感覺、揮發出去，所以，當這兩顆行星同時進財帛宮，就產生矛盾了。然而，占星師總不能很遜地說「有時會很小氣，有時會亂花錢」吧？誰沒有小氣跟浪費的時候？問題的關鍵是：是你會在什麼時候小氣、什麼時候花錢？

土星的小氣只是表面，它的本質是要保本、要守住基礎，也就是給自己留住安全感；而海王星的散漫，就本質來講，是喜歡沉浸在一個讓自己自由、可以放鬆的情境。所以我們應該從這兩者的不同，來分辨出她會小氣跟會大方的情況分別是什麼。

我告訴她：「如果妳去百貨公司，妳應該就會全身而退，因為百貨公司商品的標價都很高，會激起土星的戒心，妳就會一毛錢都不願意花，哪怕是打折或特價商品。相反的，如果到了十元商店或是夜市，因為標價低，土星的戒心會失去作用，海王星就冒出來了，妳看這個也喜歡、看那個也喜歡，到最後可能連生活費都花光，妳都還覺得很划算。」

結果，她還沒回答，旁邊的同學就點頭如搗蒜地大聲說：「對！我可以作證！她真的是這樣。」

愈研究占星學問，愈能感受到它的博大精深，由於我的解盤方式是自己摸索出來的，就我看來，制式資料上的解盤方式都太過於簡略。不管今天我們要學的東西是什麼，都應該發揮追根究柢的精神，不滿足於舊有的結論，才會找到自己可以掌握的模式。

note 5

試著破解看似矛盾的組合吧！例如，當土星和海王星同入財帛宮，一個好的占星師不能很遜地說：「受土星影響時，妳會很小氣，若受海王星影響時，則會亂花錢。」好的占星師要能看穿背後的本質，舉例說明。

Chapter 13

塔羅牌不只是看圖說故事

解塔羅牌的人，常常落入兩端，要不是執著於牌義，甚至死背關鍵字，無法靈活運用，就是太過直覺地自由聯想，說穿了就是「看圖說故事」。其實算命師要能從每張塔羅牌，檢視細節後，找出背後的本質，可能是由數字、元素或顏色等所構成。要去問為什麼這張牌是這樣牌義，這樣才會準！

我學占星後沒多久，就到處找機會應用。我一向是實戰派的人，總覺得理論再多，如果沒有親身印證，我就沒辦法肯定它！一開始，我常常到朋友擺的飾品攤位鬼混，那個攤位在廟口附近，兼賣各種水晶，我自己的第一顆水晶就是在那裡買的。那裡是我每天都會經過的地方，所以就常待在那兒跟她的客人哈啦。

我雖然連占星書都沒看幾本，但是我很擅長把書上的東西翻譯成我們現實的狀態。像有次有個穿白襯衫跟牛仔褲的樸素女孩告訴我，她是太陽牡羊座、月亮巨蟹座的，我想了一下，這個人的確是會節省沒錯（受巨蟹的影響），但是巨蟹本質上同時也會囤積，而牡羊會讓她囤積的是有價值的東西，加上巨蟹的沒有安全感，那東西應該不受人注意。所以就算她打扮樸素，我還是說：「妳應該有貴重的首飾或是其他東西，可以很快變現的，而且一定在妳身上，雖然我猜不出是什麼。」

她驚訝地笑了一下，解開襯衫第一顆鈕釦，露出掛在胸前好大好厚的一塊金牌！我的驚訝不下於她，後來我建議她五、六種水晶做成的飾品，跟她說可以挑一樣買，結果她全都買下了。

這種狀況一多，我朋友有天建議我：「妳要不要乾脆在這裡幫人看命盤好了？」不過，我畢竟是企劃出身的，第一直覺就是：「不要！帶臺電腦來這裡，人家還以為我是辦信用卡的，更不敢靠近。我跟妳講，有種東西叫做塔羅牌，圖案很漂亮，在這裡擺開來，才有那種表演的感覺！效果才會好！妳可以去學學看。」雖然那時已經常跟玩塔羅牌的網友混在一起，但其實一直沒有真正產生興趣，總覺得塔羅牌是胡扯的東西，到了講完這段話這一刻，我才認真地想：「那我為什麼自己不試試看呢？」之後才回家上網，約了希莉亞幫我算塔羅牌，經歷了前文所述的烏龜寵物占算事件 [P110～114]，我才開始真正投入研究塔羅牌。

執著牌義，不如問為什麼

就跟學占星的模式一樣，我一開始很認真地收集資料，但看了幾本塔羅書後，又覺得塔羅書大同小異、千篇一律，沒辦法滿足我，而我又看不懂原文書，朋友翻譯一些給我聽，我覺得除了比中文書複雜跟細節較多之外，對於解牌並沒有太大的參考價值，我是務實派而非理論派（笑）；書當然還是要看，但一直這樣看下去，除了資料累積愈多之外，我感覺不到什麼新的突破。

一開頭也跟我學占星一樣，很想找老師上課，但是聽很多朋友上課學習的經過，發現塔羅課講課的重點，都還是在於「這張牌的牌義是什麼」。這沒什麼不好，也是正統的方式，但我就是不喜歡。因為我不想聽你告訴我這張牌的牌義是什麼，牌義我查書就好了，不用一定要背起來，我比較想知道的是「為什麼這張牌會是這個牌義？」因此不知不覺中同樣又走上自學的路子。

我一開始用的是塔羅牌玩家都說很複雜又困難的托特牌（Thoth）。這副牌只是買書附送的，我本來對它沒有太大的感覺，後來因為我不太愛通用的偉特牌，尋尋覓覓之後，對手上已有的這副托特牌卻愈來愈有感覺。雖然它不像我一心要找的，像偉特一樣「圖畫得很明顯，劍三一定要畫三把劍插一顆心我才看得懂」的牌面，但是我發現可以從其他地方讀出它要表達的訊息。

我決定從托特著手研究時，大家都勸我說這副牌不適合入門，太難了，我的回答是：「對我來說偉特牌也很難，既然都很難，那乾脆就挑最難的，反正都要傷腦筋了。」

市面上的塔羅書，十本有九本都是以偉特牌為範本的，包括我自己後來寫的塔羅書在內（笑）。托特牌唯一的一本中文翻譯書又太「靈性」了，有點語焉不詳，甚至造成了誤解，讓很多人誤以為托特牌是「只能用直覺來解的牌」。

我在Facebook上的「竹貓星球塔羅牌程式」，就是使用托特牌圖，曾引起有些使用者留言說：「托特牌是要用直覺解的，不能這樣用。」但這是不正確的概念！其實托特牌的邏輯結構相當嚴謹細密，可以追溯出比偉特牌更細膩的具體細節。「直覺式」是占卜師應用的一種方式，而非托特牌本身的使用範圍。

總之，那時我既找不到任何托特牌的資料（老樣子，我看不懂原文書），而它的分類跟名稱有些又跟偉特牌很不相同，我就只能一頭霧水地亂猜累積經驗，但只知其然而不知其所以然。

找出每張牌的數字、元素和顏色等本質

雖然不太懂，但是托特牌這種油畫原圖的牌面圖案卻非常吸引我。一天我把所有的牌按照順序分類，攤在床上靜靜地看，突然發現了一件事：「某一種分類的牌，例如說魔杖組的牌，就都不脫紅、黃、橘三色；而圓盤組的牌，就都以咖啡色系跟綠色系的組合為主。」

note 6

正統的塔羅牌教學總是執著於「這張牌的牌義是什麼？」牌義我自己查書就好了，不用一定要背起來，我比較想知道的是：「為什麼這張牌會是這個牌義？」

我心裡想，這些顏色意味著什麼涵義嗎？

然後我上網查了一些簡單的色彩學，當時為了方便記憶，我把占星學中的火、土、風、水四大元素的特色拿來套在托特牌的魔杖、寶劍、聖杯、圓盤四組牌上，依顏色來決定哪一組搭配哪一個元素。

起初，這只是我的大膽假設而已，沒想到後來中文版翻譯塔羅書愈出愈多，發現只要是深入一點的塔羅書，也同樣把這四組牌搭上四大元素，跟我猜想的搭配也是一樣的，我開始覺得有意思了。

後來，我的作法是先把托特牌的每一張牌打散，變成數字、元素、顏色，還有每一張數字牌上都有的占星符號，然後再重新組合起來，我突然發現——我知道這些牌真正的涵義是什麼了！

以往都會受限在每張牌的名稱上，然後我英文又爛，也不知道原英文牌名有哪些其他涵義，現在就跟占星一樣，重新組合、知道一張牌的每一個「零件」後，就可以知曉它的細節是什麼，有時甚至會有意外的驚喜。比方說：

看遍數字書，總覺得語焉不詳，但是如果我想知道「7」的涵義，就把塔羅牌中所有的「7」號牌拿來比對，去除掉相異的部分，留下的相同點就是「7」的本質，或是「7」會衍生出來的行為，再回頭把這個意思加進數字學裡，就會得到比數字學書中講的還要更接近本質、或是更細膩的涵義。

所以，雖然我教學是先教數字、元素再教塔羅牌本身，但我當初學的時候，其實數字、元素、色彩的涵義等，幾乎是從塔羅牌上抓的，再拿去整合數字學、色彩學書中我覺得矛盾的部分，才得到我認為比較精確的結論。

檢視細節、掌握本質，而非望文生義

像托特牌聖杯四的「奢華」，原名Luxury，我也查不出什麼其他更深層的涵義，而其他人在用托特牌，就拚命往奢侈、浪費、有錢、甚至舒適安全等方面去解釋，但跟牌面給予人的感覺並不符合。

後來我用了這種檢視細節的方式，發現它跟錢沒有關係，因為水元素象徵的是情感，也就是心境跟情緒，而數字「4」有一種框架的涵義，水元素需要流動，但一遇上「4」就停滯住了，所以牌的圖案才會有大量的灰暗背景顏色。四個杯子中水量充沛，顏色也是象徵物慾的橘色，卻不與下方的源頭相連，久了必定乾涸。因此，它的奢華並不是有錢、豐盛的意思，而是為了填補內心無法流動的情感，會想要用大量的物質跟關愛，來抵擋自己的匱乏感。月亮在巨蟹座，在占星學中同樣是缺乏安全感，尋求保護、擁有跟躲在自己世界的特

note 7

把每一張牌打散，變成數字、元素、顏色和占星符號，然後再組合起來，知道一張牌的每一個「零件」後，就可以知曉它的細節是什麼啦！

質，所以，要說這張牌有某種程度的舒適跟安全，也不能說不對，但是這並不持久，也不是真相。

因此，沒有比Luxury更適合的字，我終於懂了！

起初，由於我的說法、教法跟坊間流行的方向太過不同，有很多人認為這是我「個人的解讀」，不具公信力。但我並不是用那種奇怪的所謂和直覺去猜出來的啊！數字、色彩、占星符號，以及象徵物，每一個都可以去查相關資料，都有公認的涵義，都不是我發明的，所以一直沒有懷疑過這套邏輯。一直到我的網站有一位超音板主，去查了托特牌作者克勞力的《托特之書》，這本書非常難翻譯，因此一直沒有中文版，但日本人做到了！

超音看了日文版後興奮地跟我說：「妳對這副牌定義的結構說法，跟托特之書上的意思都一樣耶！」

我只淡淡地說：「本來就一樣啊！他說的都在牌上，看牌就應該要找得出來了，甚至我敢打賭，有很多牌上看得出來的，他書裡不見得有說。」（後來，事實也印證我是對的，因為我跟學生發現一些排序的規律性，跟占星學說通用，只是打聽過後，不管是他的原著，或是後人分析托特牌的書，裡頭都沒有提到這些規律性。）

以簡馭繁，解讀各種牌

然後我再回頭去印證偉特牌的聖杯四：

雖然兩者的牌義不見得完全相同，偉特牌是有心無力、慵懶、被動的意思，但是水元素遇到「4」這個數字，就會停止流動並受限這一點，在基礎上是共通的！照這個邏輯推演，其實每一副塔羅牌再怎麼不同，你都可以抓到數字跟元素的核心本質。

我一直很不認同看圖說故事的方式，因為一張圖在不同人的眼裡有不同的意思，如果沒有掌握本質，就會流於天馬行空地亂猜。像偉特的聖杯四，說不定就會被解釋成認真思考，或是在樹下打瞌睡的涵義（也真的有人這樣說）；相反的，你一旦掌握本質，就不會有「牌義這麼多，我到底要用哪個關鍵字」，或是「一張牌圖我看是好，別人看卻不好，我只能靠『直覺』嗎？」的困擾存在了。

之後因為咕姬過世，我拿出塵封已久的奧修禪卡，禪卡可是比托特更加難解釋，更加被視為非要用靈性來解讀不可的一副牌，但是我套用同樣的邏輯，再加上奧修常說的一些概念，就可以知道，水元素遇上「4」的性質仍然相同，只是正面跟負面解讀的差異罷了。奧修一向推崇感受，揚棄頭腦，所以用他的理論套到水元素「4」號牌（禪卡名稱：水之「4」——轉入內在），得出來的涵義就較為正面。這張牌象徵水（感覺）停止流動後，形

note 8

解塔羅牌不是「看圖說故事」，如果沒有掌握本質，就會流於天馬行空地亂猜。像偉特的聖杯四，說不定就會被解釋成認真思考，或是在樹下打瞌睡的涵義。

成的結果是不再沾染外界的影響，可以回歸到自己的內心，不再隨著外界蠢動，也更能回到自己的本質。

所以對我來說，塔羅牌變成了極富彈性的工具，不再每副牌都有一種鑽研不完的複雜理論，完全可以用以簡馭繁的方式來解讀所有的塔羅牌。靈性是很高的層次，但高層次必然包含了低層次，所以再怎麼靈性跟直覺的牌，我們都不能用虛無縹緲的解讀，更不能以為虛無縹緲才能代表靈性高。不管在國內外，我應該是很難見的、用完全邏輯化的方法來教授奧修禪卡的人了，因為我認為結構既然存在，就一定有它象徵的意義。如果凡事只靠感覺跟靈性，就太過不穩定，也太沒有說服力了。不管是占星還是塔羅，我本來有點懊惱，後來都很慶幸自己一開始看不懂原文書，才沒有被衍生出來的旁枝末節或各種不同說法給綑綁住（但當然基本資料一定要熟），可以找出比較根源性的邏輯。

之後我寫的塔羅書，用的也是以數字跟元素為主的認知方式，以避免讀者被牌圖侷限住，用的解牌法也打破牌的制式牌義，不在關鍵字裡打轉，回歸到事物本質，化抽象概念為具體情境，好讓牌跟牌之間可以順利連結。如果不能連結，只能一張一張地解，那就跟占星命盤只能單星單宮解一樣，會出現很大的誤差；雖然寫這種「心法」式的東西吃力不討好，很多人還是習慣標準答案或是套用關鍵字——因為這樣比較輕鬆——但我覺得如果無法靈活運用，執著在背出關鍵字然後毫無重點的自由聯想，卻就叫做解牌的話，那也就不用學了，隨便帶本塔羅資料書在身邊隨時查閱還比較快。

part IV

面對神祕學你應該要有的心理準備

Chapter 14

轉移能量勝過扭曲本性

大家都知道「個性造就命運」，但是改變個性真的就可以扭轉命運嗎？一個人的個性（本性）是無法說改就改的。就像是周星馳飾演的《濟公》，勸注定當九世的妓女改行去賣豆腐，妓女的確也去賣豆腐了——加送上床！

命理師要用命主可以接受的方式，幫他們找出生命其他的出口，轉移過剩的能量，才能得出最好的結果。

給所有對神祕學以及身心靈療癒路線有興趣的朋友：許多人有天分、有感應、有理想，卻不知道如何幫自己定位。若不往這條路走，又擔心錯過了自己的天賦跟更廣闊的世界，若是真的往神祕學界探索下去，又擔心被一些似是而非的說法誤導，不但無法成長，反而沉溺在怪力亂神的泥淖中；更不用說愈往這個圈子涉入，就愈會看到一大堆病人卻自命為大師，把自己的陰影投射到來求助的個案身上去，讓雙方都陷得更深……。

我的話不見得是金科玉律，但是一路走來秉持著這樣的心態，至少我的心裡沒有愧疚，更沒有幫自己戴上什麼光環；如果我有什麼心高氣傲的表現，多半是來自我的本性，而不是我從事的職業（笑）。

如果你想在神祕學的世界中把持住自己的初心，不想變成一個江湖術士的話，我的心得，也許能帶給你一些參考價值。

不要再說「你要改變個性」了

我想有一句話是大家都能認同的，那就是「個性造就命運」；同樣的，要改變命運，就是要改變個性。不過，「改變個性」只是一個大方向，至於要如何改變，那要依每個人的狀況、問題點，去做很細微的引導。

曾在電視節目上看到有位命理老師給命主的建議是：「你要改變你的個性。」聽起來很道貌岸然的樣子，我卻忍不住笑出來，因為我覺得講這麼一句只能當口號用的話當建議，不是不專業，就是太偷懶。

有需要在個性上做改變的人，我想他們不用花錢來聽命理師講這句話，因為他們平日的表現，一定會讓身邊的親友都拿這句話來勸他了。命理師如果只會講一些路人都可以告訴他的話，那他的時間跟金錢就都是浪費掉的。

更何況，「改變」這兩個字，講起來雖然很簡單輕鬆，但卻很難做到。如果你丟一句話給他，他就可以改變的話，那這個世界上就沒有任何問題的存在了！就我個人的看法，我覺得一個人命盤上的能量組合是固定的。困住命主的，是他的思考模式和固有的信念，如果他不知道自己的問題在哪裡，就不會知道要往哪裡去改變，就算有心要改，換湯不換藥的結果也只會愈改愈錯。

我認為，其實沒有哪一種個性是好或不好，個性這種東西是中性的，好或壞就看它發展的是正面能量還是負面能量。每一種個性的形成，都是人在成長過程之中慢慢發展出來的；一種個性就有很多原因、需要，以及情緒在它的背後支持著。而不是憑人的高興，就可以選擇自己想要什麼個性了！不解決一些負面個性背後的形成原因，只改掉表面個性，這些仍然存在的背後原因，也只會再發展出另一種同樣也是負面的個性！

有沒有看過周星馳的一部電影《濟公》？濟公投胎的周星馳，想要改變張曼玉注定當九世妓女的命運，因此勸她：「妳應該要自己做點小生意，例如賣豆腐啊！」妓女為了改變自己的人生，的確是去賣豆腐了，不過她只當過妓女，所以她的方式就是——客人如果願意跟她買豆腐，她就陪客人上床。就一個人的本質不改之前，所有形式上的改變都是沒有意義的。

找出其他出口

就像有一次的一個占星個案，我看著她的命盤，顯示水元素氾濫，海王星的影響力擴張得很大，而且風土元素極度缺乏。水元素代表的是：感情用事、軟弱、被動、善良、易受影響，海王星也是一顆依附性質很重的星，又容易陷入自欺欺人的狀況——風元素跟土元素都是理性跟分析的代表，但在她的命盤上卻找不到。整張盤看起來就是極度不能為自己而活，必須找依靠的人，所以她的感情就會變得沒有一點選擇，只要有人對她好，她就會掉進一段關係中，連一點點判斷能力都沒有。她會覺得自己運氣不好、遇人不淑，我卻只能說她自己不長眼又不願意花大腦，當然好騙又容易被玩膩……。

但這時我只能告訴她「妳太重視感情了，以後要記得把男人看清楚。」這樣嗎？這種話我相信她這一輩子不曉得聽過幾百遍了，換言之，這句話雖然正確，卻是一句廢話！這時從她的命盤看來，海王星占了決定性的影響位置。如果她變得不重視男人，那也只是一種壓抑，並未解決根本問題。因為人絕對沒辦法抹煞、否定掉自己與生俱來的本質，所以不可能簡單輕易地就發展出不符合自己命盤能量的特質。

因此，這時我們要看看，這顆造成她感情路不順的海王星，有辦法替她找出什麼其他的道路嗎？我思考了一會兒之後告訴她：「妳的真命天子會是個有藝術氣息、很喜歡社會服務的人，所以妳可以去學畫畫或音樂，並且找一些可以去當義工的單位，妳的正緣就會快

note 9

「你要改變個性。」廢話！就是改不掉又不知道怎麼辦，才來找算命師啊！沒錯，個性造就命運，但個性不是說改就能改的，如果沒有找出個性背後的形成原因，只想改掉表面的個性，結果可能適得其反，發展出更負面的個性！

一點來到。」事實上她的真命天子是怎麼樣的，我根本沒有興趣，而且就她的盤來看，也並沒有一個很篤定、具體的配偶形象；為什麼我要這樣告訴她呢？

因為我知道海王星會讓她過度想像、不面對現實，但也因為這些想像力，也會使這種個性的人很容易投入創作跟藝術的領域。

這種人就是喜歡且容易「掉入」一個情境中。那麼與其讓她一再掉入一段粗糙的關係，不如讓她掉入自己的創造力當中。海王星愛付出，那麼與其為了不值得的男人付出，不如請她去為弱勢團體付出。因為她目前只對尋找真命天子有興趣，因此我就拿此當成推她去接觸這些領域的誘餌，但等到她的能量投注在這些可以給她歸屬感的地方後，她對感情的依賴就會自然而然地收回來了。到時，她也容易找到真命天子。只是原因不是出在環境的改變，而是她的能量轉成良性的了。

所以，同樣的一顆海王星，可以很濫情、很花癡，也可以很有感受力、很慈悲，我們只要用她可以接受的方式，把同樣的能量稍微轉個向，就能得到不同的結果了，幹麼要硬生生做什麼「改變個性」的無謂之舉？這樣反而可能會因為壓抑衍生出更多心理問題！

轉移過剩的能量

之前看過一本韓良露的占星書，她提到過火星能量過剩的命盤，通常都會性慾太過氾濫，因為火星就代表肉體、生物性的強大能量；但她遇過幾位火星極強但男女關係卻很正常的人，仔細研究一下，發現這些人都是從事關於「體能」方面的職業，例如舞者、運動員。

當這些旺盛的能量，被轉移到大量的肉體活動及訓練上，就不會在性慾方面過度發展了，這也是一個完美的能量轉移模式。

同樣是火星能量的運用，我也想到一種心理學上的象徵對照，火星象徵刀劍等武器，而在變態犯罪心理學上，如果凶手習慣用刀子犯案，表示他在性這方面是沒有得到紓解的，刀子「刺入」的特質就象徵了凶手本身的性攻擊力。心理學跟占星學在象徵學上的共通點，常常不謀而合。而火星具有強烈的破壞慾望，命盤上火星位置受沖的人，往往帶有很強的攻擊性，我就聽過有人認為，遇到這種命盤：「我們應該建議他，要心平氣和、要修身養性……」同樣的，隨便幾句話就想讓一個人扭曲他天生的本質，只是在強人所難。

那麼，「破壞力」就真的是一件壞事嗎？如果沒有任何地方需要破壞力，那麼這種能量就沒有存在世界上的必要了。若想要轉移火星這股負面能量，就要先想想：破壞力的好處在哪裡？這時我會建議他去從事拆除建築物、外科醫生，或是一些需要競賽之類的行業。若能把負面能量應用在正面的方向，就可以順著他的天性去得出最好的結果。

note 10

要用命主可以接受的方式，把同樣的能量稍微轉個向，就能得到不同的結果了，幹麼要硬生生做什麼「改變個性」的無謂之舉？這樣反而可能會因為壓抑衍生出更多心理問題！

何必每個人都一樣？

我喜歡的上課方式也很自由，每一次課程會依不一樣的成員調整講課的方式，而非發展出固定一套教學模式，強行灌輸自己的觀念給別人。因為什麼都可以挑戰，就是不要去挑戰人性（笑）——

凡事任何違反人性本質的努力，十之八九都是徒勞無益的，因此不管是教學或是給建議，我認為還是要重視每個人的不同特質，對症下藥、順勢而為，才能自然而然地逢凶化吉、撥亂反正。

其實更主要的原因，就是我的親身經歷啊！

就一般社會標準來講，我的本性就是「好逸惡勞」。我年輕時，每個人都要我改變個性，穩定下來，我一直感到非常反感。穩定下來對別人來講，也許是很簡單的事；但我明明做不到，為什麼還得為難自己跟大家一樣才叫做正確呢？與其聽別人唱高調，還不如找出需要我這種變通特質的工作模式。不然如果全世界的人都需要穩定跟安全感，那誰來過這種不需要別人給太多保障的日子呢？所以我去嘗試接企劃跟商家的活動個案，直到最後接觸神祕學，都需要拋掉對安全感的恐懼。當我不再認為求得保障跟安定是人生唯一的模式，才能得到新的啟發，回歸真我。

如果我逼自己跟所有人一樣，努力去尋找一個「安定下來」的路，想必是跌跌撞撞多年，還無法理解為什麼大部分人都可以如魚得水的生活模式，套在我身上卻格格不入？也許會帶給我更多的挫敗和自卑，也會忽略掉我自己真正的價值所在。因此，最好的方式就是，趁自己還一無所有的時候，去嘗試自己真正想要的生活模式，也許會開發出一條全新的道路，也許繞了一圈，再回到原來的路上，卻有了完全不同的眼界跟體會。

藉由命理，我們可以更快地直指核心，看到問題的重點，協助我們自己去嘗試可能更正確的道路，並且省下更多繞遠路的時間——但是，命理絕非是教你如何去逃避一些人生的功課哦！

note 11

什麼都可以挑戰，就是不要去挑戰人性！命理師可以做的是將他的負面能量應用在正面的方向，然後順著他的天性，去得出最好的結果。

Chapter 15

直覺不只是直覺

「算命嘴胡磊磊！」有些命理師只會說「要成長、要改變」，對命主卻沒啥實質的建設性建議；有些人愛把「直覺」掛嘴邊，事實上根本就是在亂猜，準確度比擲銅板猜正反面的機率還低。好的命理師要下功夫、鑽研資料，才能用直覺引導出內心的感知。

除了自己本身命理工作，這幾年來也接觸過一些人幫我論命，專業、業餘的都有。

一不要老是說空話

以身為一名個案的立場，我很不喜歡占卜師給人的建議是：「你要改變／成長。」這也是算命師最常下的結論。

不過，我認為這種勸告一點價值都沒有。改變和成長，誰不知道呢？隨便攔住一位路人，他都可以給你相同的勸告。但身為一名專業人士，一個占卜師應該做的，是提供他如何改變跟成長的方向。

以前我常看女性雜誌，那時對感情議題也很關心，不過我最討厭的，也是一些報刊文章建議女性面對感情問題，說的是：「要用智慧。」

廢話，誰不知道要用智慧？

但智慧又不是存在腦子裡的哪個角落，也不是人家故意棄之不用的。你是靠女人吃飯的傳媒，你要做的是給讀者好的建議，才是幫她們建立智慧，這比說一萬句「要有智慧」有用多了。更何況，請問有誰不需要智慧、不需要成長？這種回答實在難脫偷懶之嫌，就跟拿「愛與光」來當建議的人一樣偷懶！基本上，愛與光是人的品質，沒人拿愛與光來付房貸跟吃飯的。

直覺不是亂猜

同樣的，我也接到很多格友或網友來信問我：「我去學，但授課的老師一直強調：要用直覺。到底要怎麼用直覺呢？」

問得好，重點的確在這裡。

note 12

不少人堅持「用直覺」解讀塔羅牌，看到什麼就自由幻想、延伸，這根本不叫用直覺，而是在亂猜，結果大概還不如拿銅板猜正反面的準確度。

直覺不是裝在皮夾裡，拿出來就可以用的；直覺是一種內在的特質，自然而然會流露出來的。如果沒有的話，你不管怎麼拿都拿不出來。如果除了用直覺，沒有其他建議或條理可以提供，那這樣的研究者，可能比較適合做個案就好，因為他也不知道自己的直覺是如何培養出來的，當然也不知道要怎麼幫助你培養直覺。直覺不是用什麼祕訣就可以瞬間得到。如果原先你的直覺並不強烈，就要不斷地累積相關知識，大量吸收資料，這種熟悉度會磨鍊你內在的敏銳度，直覺就會在不知不覺中萌芽、成長、成熟，所以我恐怕無法回答「要怎麼用直覺」這樣的問題。

這幾年來在生活中及網路上跟同好交流，也遇過不少喜歡研究塔羅的新朋友，堅持「用直覺」，但常常在解讀牌面時沒有半點根據可言，看到什麼就自由幻想，不合理的延伸，甚至解讀出跟牌義完全相反或是不合邏輯的結論，還自認為自己正在使用直覺！所以我們可以看得出來，如果沒有正確的觀念跟合理的邏輯，硬要使用所謂的直覺，那就不叫直覺，而是在亂猜——其結果大概還不如拿銅板猜正反面的準確度。

如果不從神祕學的角度來看，我們跟身邊的人聊天，常常可以發現，真正對自己的專業領域有直覺的人，通常不是天才，就是經驗深厚老練。如果是天才的話，通常正統的學習方式也難不倒他，只是需要一點時間適應罷了。

很多說自己是用直覺解的人，都是想逃避認真研究的過程，嫌這些學理太囉唆、太麻煩，所以號稱用直覺，實際上就是強作解，能不荒腔走板就已經是萬幸，很難從他們的解讀中，得到什麼有用的線索。

直覺還需要頭腦的翻譯

那難道沒有天生直覺敏銳的人嗎？當然有，但直覺跟第六感強烈，只代表你在學習時，有一個良好的基礎，並不表示能取代正確的學理認知；更何況直覺還要經過我們自己頭腦的翻譯，如果你的認知不正確，就算是再好的訊息，經由你的解釋，可能就被扭曲了。我也常常遇到天生第六感特別敏銳的朋友，會覺得「用直覺就好了」，反正解出來的東西大方向也都正確，何必去鑽研這些艱深的資料呢？

其實這種想法，我是很認同的，問題是：不鑽研艱深的資料，至少也要鑽研基本的資料吧！這樣的朋友，學塔羅時很容易上手，也不會偏離正確的牌義太多，所以他很容易就覺得自己「已經會了」，可是算久了，不只被算的人覺得他提供的建議沒什麼可用的，他自己也會覺得無聊，而且通常會認為：「塔羅不過就只能做到這種程度，沒什麼好玩的。」然後就不再繼續玩塔羅。其實「只能做到這種程度的」，是他自己而不是塔羅。真的就可惜了天生的直覺！

note 13

直覺能幫助你導出自己內心的感知、答案，只是一種引發的工具。懂得愈多，直覺才會愈敏銳——沒有下功夫、鑽研資料，等於沒有材料，工具再怎麼精良也沒用，很快就黔驢技窮了。

因為使用直覺最好的方式，就是懂得愈多，直覺就會愈敏銳，直覺是「導出自己內心的感知、答案」。而在什麼都不懂的情況下，內心根本沒有聲音、沒有答案，直覺再怎麼強也只是引發的工具；沒有材料，工具再怎麼精良也沒用。所以這樣的人，直覺用沒幾次就沒有新的資料可以組合，當然就黔驢技窮了。

「魔島」其實並不存在

我以前說過的「魔島理論」，大意是說：在地理現象中，常有一夜之間，就從海面冒出一座島嶼的狀況，沒有任何預兆跟過程，因此常被民間形容這種島嶼為魔島。但實際上，魔島只是人們眼中看到的情況而已，這樣的島嶼，在海平面下不知道累積了幾千萬年，經過了多少板塊推移的擠壓，加上海洋潮流的影響，長久的醞釀終於就在最後一刻，一鼓作氣地成形了。

所以沒有所謂的魔島，凡事都是需要良好的基礎慢慢往上升的；如果沒有這些必要的基礎，一開始就很順利的人會後繼無力，不順利的人更會陷入死胡同。

大家都知道，不只在藝術領域，科學領域也有很多狀況是「靈光乍現」，最有名的就是元素週期表跟ＤＮＡ的螺旋構造。

元素週期表是先完成，物理界才慢慢找出週期表上已經指出存在，但尚未發現的元素，填上原來就已經有的空格。發表者門捷列夫是「靈光一閃」，以原子量的函數做出邏輯性的排列，推論出「雖然還沒被發現卻應該存在」的元素，事後也證明了這張週期表的正確性。

這是一種直覺嗎？是的，但是如果沒有他原來的專業知識，跟後來的苦思鑽研，這種「靈光乍現的直覺」再過一百年都不會出現。又例如提出DNA構造的人，如果沒有經過長久的鑽研跟浸淫，就算在他的夢中出現了螺旋構造的圖形，他可能也只會解釋成在暗示他晚餐可以吃這種義大利麵而已。

所以，想發展出正確的直覺，最好的方式就是吸收大量的知識，但不要用關鍵字去思考，要用這些知識原來的形態去理解，也就是說，得到什麼新知識時，不要有結論，不要抓重點，也不要試圖去給它下一個「定義」。因為你能夠下的定義，都是在你原來就有的範圍內，不會有新的，反而失去了探索更大的領域的可能性。不知道的、不能理解的，就放著吧！不要強自作解，等到有一天，有其他的知識進入你的腦海中做引子，才能結合成完整的認知。

note 14

得到新知識的時候，不要太快有結論、抓重點，或是下定義。這樣只是困在既有的範圍內，失去了探索更大的領域的可能性。不知道的、不能理解的，不要強自做出解釋，就先放著吧！等到知識自然融會貫通、水到渠成的一天。

Chapter 16

不要想當個幫助別人的人

有很多人從事占卜這一行，會把「可以幫助別人」掛在嘴邊。幫助別人沒有什麼不好，但是有了此心，就容易期待得到回報，希望自己能成為幫助別人的「重要人物」，反而忘卻了初衷。

奧修大師曾說過：「當鞋子合腳時，腳就被遺忘了；當腰帶合身時，腰就被遺忘了。」助人助己，都是如此。

占星可以幫助人？

有一次，我接受某單位的訪談，中途採訪者問我一個問題：「像妳這樣的工作，一定都是發願要幫助別人吧？」

雖然這是個想當然耳的問題，但我卻一時為之語塞，久久不知道該怎麼回答。

並不是我覺得不應該或不想幫助別人，而是我真的從來沒有想過這個問題。

我從一開始接觸神祕學，就沒有做如是想。

也常有人問我：「妳選擇這個工作，是不是也因為這樣可以幫助很多人？」對於這個問題，我的反應同上。

我也不知道為什麼，從來沒有生起過想要幫助別人的念頭。舉個例子來說，如果有人問我：「要怎麼把判斷力用在解牌上？」「解牌時要怎麼運用直覺／邏輯能力？」我同樣也回答不出來。

就像有個故事說，有人問蜈蚣要怎麼用一百隻腳走路，蜈蚣不但回答不出來，甚至連路都不會走了，都是一樣的意思。因為我沒有見過解牌時不用判斷力的人，也沒見過解牌時不用直覺或邏輯的人，更沒看過處理個案時會故意不幫助個案的老師，所以我不知道要怎麼幫助別人，因為「幫助」已經發生了，它一直就在那裡，不是我做出來的。

占卜師或治療師，只是讓那個「幫助」發生的管道，不是「我」在「幫助別人」。

這很像常有人問我：「妳是心理占星還是事件占星？」我同樣也回答不出來。人的心理跟事件的關係是，心理引發事件，而事件影響心理，它們雙向觸發，這些東西

note 15

「幫助」已經發生了，它一直就在那裡，不是我做出來的。占卜師或治療師只是讓那個「幫助」發生的管道，而非「我」在「幫助別人」。

都同樣在命盤裡啊！我不知道要怎麼看到一樣而看不到另一樣，對我來說，我並不覺得這是兩回事。

在訪談中，我沒有回答這個問題，直到回家之後我才整理了一下。想通之後，發現我常常看到許多人抱著很大熱情，滿腔「想要幫助人」，決定投入各行各業。可是「幫助人」這種事，要怎麼用決定的呢？

那些把幫助掛在嘴邊的人

我發現：你只能「當個對別人有幫助的人」，而不是只「做對別人有幫助的事」，這兩者是無法分割的。話說回來，當你的存在就是對人有幫助時，你又何必另外下一個「我要幫助人」的目標呢？當你就是個有幫助的人時，你又怎麼會時時刻刻地把「幫助」兩個字掛在嘴邊呢？因為那是你的本能，你的一舉一動都是，你根本不會想到要去幫助人，因為那已經是你的本質了。

我從事這一行以來，也常遇到熱情洋溢的網友跟初學者興奮地跟我說，他們研究神祕學甚至想從事專職的原因，就是因為「這個可以幫助很多很多的人。」聽到這種話時，我的腦筋也會轉不過來，因為你幫不幫助人，跟你從事什麼工作沒有關係啊！你如果本來就是個有幫助的人，你在何時何地，都有幫助人的機會。後來過了很久，我終於弄懂了，當個「對大家有幫助的存在」，跟當個「可以幫助很多其他人的『重要人物』」是完全不同的事。

會興致勃勃想要幫助很多很多人的人，通常腦袋裡面都帶著一套劇本：「我施展了我的能力，因此這個原本落魄、不幸或即將走入地獄的人，就可以獲得重生，可以改變他的命運。」可是事情不是這樣的，我們是專業人員，我們只能做我們應該做的事，但並無權要求結果，更無權要求接受我們幫助的人，按照我們的劇本演出。所以，通常講「要幫助人」講得最大聲的，同時也是最重視有沒有立即得到回報、最容易沮喪、最容易失望和最快放棄的人。

像我朋友認識一個靈性讀書會的幾位成員，其中一位太太有特定的宗教信仰，她堅信她信奉的宗教，才是最正確的、最快的開悟道路。這無可厚非，因為對她來說，也許事實真的就是這樣，同一件事對不同人有不同的作用，但她很努力地想要去「幫助其他人」。

最近我朋友跟她見面的時候，聽說這位太太已經不跟其他人來往了，原因是：「我那麼想幫助他們，但是他們都沒辦法接受，我救不了他們，心裡很難過，所以決定不跟他們來往。」我不得不稱之為這是「馬腳露出來了」，她的重心並不是想讓其他人得到幫助，而是想要當個有本事幫助其他人的重要人物，所以她會灰心、會受傷，也會抱怨自己的付出

note 16

通常把「要幫助人」掛在嘴邊，講得最大聲的人，最重視有沒有得到回報、最容易沮喪、最容易失望，也最快放棄。因為他們在意的其實是當個可以幫助很多人的「重要人物」。

沒有回收，但是她忘記了，她不是神，一個幫助要以什麼樣的方式呈現，不是由她來決定，這個幫助說不定會在五年、十年後突然開花，也說不定她的幫助會以另一種形式在對方身上產生作用。只是她看不到這點，也不在乎，她重視的是：她的幫助「有沒有用她計畫好的方式產生結果，好讓別人都可以看到、肯定她是個對大家有幫助的人」，我覺得這樣的情形下，她的控制慾跟執著，還有「想成為某號人物」的念頭，已經強過了她的善念。

當鞋子合腳時，腳就被遺忘了

我們可以看看社會上行善愈久的人，愈不計較他們的善行得到什麼成果，他們只是默默地、全力地做自認該做的事，他們本身就是一個「幫助」，所以不會計較「我只要做可以幫助人的事，其他不能幫助人的事我不想做。」不，他們沒有這樣的分別心。

就如同奧修所說的：「當鞋子合腳時，腳就被遺忘了；當腰帶合身時，腰就被遺忘了。」但他們完美地把自己跟善行結合在一起時，「幫助」這兩個字就被遺忘了，他們不會知道幫助是什麼，因為他們的身上沒有「不幫助」的地方，凡事只要沒有對比，就無法被清楚地認出來。正因為你有不幫助人的時候，所以你喜歡那個很愛幫助別人的你，對比之下顯得格外高貴善良。

雖然我一向愛跟「上帝幫」作對，但我這時忍不住想起我念天主教小學時，那位充滿智慧的修女告訴我們，我們的使命是傳福音，但是，「別人相不相信都無所謂，我們的工作只是把福音帶到，其他的就是他自己跟上帝之間的事了。」

很多「渴望幫助人」的人，不只帶福音給你，還要你感動、要押著你承認福音，然後演出一場完美的靈性轉化成長給他看，好讓他覺得自己完成一件了不起的事。他真正在意的，是他的劇本而不是你，這種會變成一種強迫症的幫助。想想你的初心，到底是為了別人還是為了自己？

幫助人並不是你要成就的一件特別的事，它只是你選擇要做、所以該做的日常事件。當你做著你自己選擇、而且理應去完成的事情時，你就不會有得失心，不會覺得對方應該趕快乖乖地受幫助，好讓你有成就感，更不會去計較——「啊！我這樣有沒有幫助到人？記得，要讓我可以幫助人喔！不然我不要。」

更遇過有人熱血沸騰地告訴我：「我走這個領域，是因為我不想只幫助一點點人，我想幫助很多很多人，愈多愈好。」

我只好潑冷水地回答道：「我希望地球上，別出現那麼多需要我幫助的人，不然每個人都要讓我幫助，表示大家都不快樂，所以你許的願要改一下，應該要希望自己可以幫助的人愈少愈好。」

正因為如此，在訪談中，我回答不出「是不是發願要幫助人」這個答案。

如果我是一個對大家有幫助的人，走不走神祕學根本沒什麼差別；如果我是一個對大家沒幫助的人，走不走神祕學同樣沒什麼差別。因此我沒辦法把「從事什麼樣的工作」跟「幫助人」這兩件事牽扯在一起。

畢竟，神並沒有規定，祂的幫助要用什麼固定的形式來呈現。

如果你滿心想要幫助別人，我會建議你，如果做得到的話，趕快丟掉這個念頭，因為它會讓你把心力集中在「成為這樣的人」上面。一旦把心力放在自己的形象跟評價上，有了分別心時，你會忘掉你真正該做的事是什麼。

請為自己而活吧！

雖然我被問到：「妳做這個行業，是為了幫助別人嗎？」思考之後寫出了一篇文章，但其實直到寫完，我都還沒有很好的答案。

不過，最近我總算可以把自己想說的話，很簡單地濃縮成一個答案：「我做這個行業，從來沒有想過要幫助別人。我找上神祕學，從頭到尾都是為了我自己。」至於幫助人，嗯……，如果可以幫得上，我沒有必要特別不幫吧？幫助人並不能當成是一個目的，這只是一種你對他人的影響而已。

現在才想到這個答案，並不是之前不知道我是為了自己，而是「常識告訴我，不能講出這麼自我的話，也不能去影響別人的觀念。」

我在講一句話時，知道這句話背後的涵義是什麼，但是聽的人有各自的解讀，我下意識不希望被人拿去合理化自己的行為。

不過我現在又認清到，如果他要做的是錯誤的事，沒有我這句話，也會有別的話來誤導他。反之，如果一個人要做的是有貢獻的事，就算我講的是錯的，也有可能把他推向正確的道路。

如果你很急著證明自己是某號人物，非常需要藉由別人接受你的幫助，來滿足你的存在感，那麼你就算有再大的善念、再多想幫助別人的誠意，等一切到了結果的階段，還是可能變質。

我們每個人能給出去的，都只有我們自己。因此，你是什麼樣的人，就會給出什麼樣的力量，而非取決於你想幫助或是不幫助他——你是一股什麼樣的力量，決定性大於你的意願是什麼。

簡單地說，一個人的本質，比他的念頭真實多了。

別再唱高調了

舉個例子來說，如果你聽別人說：「『愛』可以解決一切。」你聽了覺得很有道理，決定要讓自己當一個充滿愛的人，不過在你以往的生命經驗中，你把占有、縱容等都當成愛的象徵，而你不解開自己感受到的痛苦與挫折，不看到自己的盲點，不認清什麼是愛、什麼

note 17

想要幫助別人的念頭，常常會讓你把心力集中在「成為這樣的人」上面。一旦你把心力放在自己的形象跟評價上，進而有了分別心時，就會忘掉真正該做的事是什麼。

不是愛，只想藉著看來很高貴的行為來逃避自己，那麼不管你再努力，所散布出去的，絕對也不會是愛，只會是占有跟縱容。並不是你隨便給一樣東西取名叫「愛」，它就會真的具有愛的本質。這種狀況下所給予別人的，不管立意再良好，終究會變成一場災難，或是更大的謎團。

所以常跟我接觸的朋友就會知道，我雖然不是很愛計較小事，卻也絕對不讓自己吃虧，凡事都要我高興自願的才算數。該是我的，絕對討回來；如果想要的，我也會去想辦法。很標準、很平凡的人性，沒有什麼大愛或是自我規範。

因此，我在幫人解盤、解牌的時候，就不會去唱高調，更不會講一些書上不符合人性的高調。我可以理解個案的自私、理解他的軟弱，以及接下來可能會想做的錯誤決定，因為這些弱點跟罩門，也都是我自己人格的一部分。我也是這樣在生活的，我也曾經從同樣的掙扎跟衝突中走過來；個案想做的事、想保護自己的念頭我也都有，但是因為我一直在想辦法幫自己解套，所以我會知道，怎麼把為自己解套的方式提供給對方，而且要是他能做到的。

所以我也不講什麼「愛與光」，因為每個人生都是真實而活生生的，等他可以幫助自己，他心中自然就建立起愛與光，就算他沒給這些東西取名叫「愛與光」，本質仍然不會變。愛與光只能用生命去轉化，而不是嘴巴講講加上自我催眠就可以產生的。

我也可以知道，沒有人可以幫得了我，只有我能幫得了我自己。生命中遇到的貴人，就像「隱者」這張牌，只能幫我照路不能代替我上路，所以我也不會被衝昏頭，以為自己能代替誰去改變他的人生。

對的決定才能走得正確

我有一個認識很久的個案，長期以來，經由我的占卜讓她做了不少她覺得很明智的決定，前陣子她有感而發地告訴我：「如果我這輩子沒遇到妳，還真不敢想像現在我會是什麼樣子？」

我則是很理所當然地回她說：「一樣會是現在這個樣子啊！就算不遇到我，妳也會遇到別人。」

因為她的人生重點是她自己而不在我或我們這些人，我們是被設定好的工具，她依照自己的需要來找到我們、使用我們。對的決定會帶著她走向正確的方向，找到正確的人，所以沒有我，也會有別人。

如果你是對的，你就會正確地運用你所遇到的一切，
如果你是錯的，你也會錯誤地運用你所遇到的一切。

note 18

如果你決定讓自己充滿「愛」，不過在以往的生命經驗中，卻把佔有、縱容等行為誤以為是「愛」，那麼不管你立意再良好，所散布出去的，絕對也不會是「愛」，甚至還可能變成一場災難。

反過來說，我們當占卜師的人也是差不多——

你知道自己的弱點、承認自己的軟弱跟無知，你就會知道自己是需要幫助跟自救的，那麼出現在你面前的個案，就會是願意自救的，就會是願意承認自己的弱點跟敞開心胸，也才能清楚地看見你提燈為他照亮的路。

所以，我更清晰地認知到，就算我想帶給別人好的影響，「為了自己」依舊是一個不可缺的環節；也才發現，其實我是可以把這個答案，堂而皇之、不用修飾地講出來，因為這才是整件事情，以及我跟個案的整段緣分當中，最重要的一部分。

part / V

那些命算師都不一定想得通的道聽塗說

1

命理到底準不準？算準就無所不能嗎？

Q 如果算命真的準，那為什麼算命師要辛辛苦苦幫人算命，不如算算哪裡有金礦、樂透號碼或股市行情，幫自己發大財就好？

A 老實說——

這句話真的說得很有道理（笑）。

對過度迷信算命是無所不知的人來說，這句話可以說是當頭棒喝！命理有它的作用，但也有其侷限。記住這句話，可以幫助你認清：站在你面前的，到底是專業人士，還是神棍？

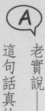

這樣看，分辨專業與神棍

坊間有不少命理師自稱除了算命外，還可以幫你改運。我當然同意有一些術式可以調整命運的磁場跟頻率，但也僅止於調整而已，這只是一種助力！如果有命理師告訴你，只要遵照他的指示，或由他幫你作什麼法，就可以發大財、把到林志玲、變成世界首富、庇蔭三代子孫……等等，你就可以知道，他並不專業；如果他專業，他會很老實地告訴你，他的專長為何、可以做到什麼程度，不會像地下電臺賣藥一樣天花亂墜、誇大不實。

尤其如果他說可以幫助你桃花朵朵開，但自己連個穩定的感情生活都沒有；如果他說能夠幫你發大財，卻很明顯地拚命想從你身上撈錢；如果他說要幫助你心靈成長，他整個人卻看起來財大氣粗、極度奢華……。那很明顯地，他在唬你！因為不管是修行還是作法，都沒有人可以用一套固定的模式，在不同的人身上達到同樣的效果。可以增進財運？我相信；可以變成首富？那要看你的命。可以增進異性緣？我相信；可以讓你左擁右抱，對方還死心塌地愛你一生？那還是要看你的命。

姓名學的侷限

現在更有很多人堅信，只要改了姓名就可以改變命運，招財納福、升官發財。但是就我的記憶所及，姓名學並沒有這樣的威力，名字再強，也強不過你的八字，頂多只是一種「助運」的作用罷了，不可能取代你真正的命盤，主導你的人生。

那為什麼姓名學會有今天的這種地位？

在我的印象中，那是將近二十年前的事了。那時，開始有些命理師砸下大筆廣告費，買下大幅的報紙版面，告訴讀者誰改了名字以後考上建中臺大、誰改了名字以後就生了兒子、誰改了名字以後公司業績蒸蒸日上……等種種誇大不實的言論，在比較了解正統命理的人眼裡看來，自然是極為可笑；但是，群眾是很容易被洗腦的，這種廣告連續刊登一段時間後，漸漸積非成是，姓名學也就此成了顯學。坊間更冒出很多人自稱大師，專門幫忙改名或幫新生兒命名，只是取個名字就開天價，彷彿光靠一個名字就可以保證一生的榮華富貴。

不過，就我從四代相傳的蔡家命理館對姓名學的了解，即使你絞盡了腦汁，按照三才、五行、筆劃取出一個最完美的名字，也·沒·有·用！因為命名需要搭配你完整的八字命盤，截長補短，才能發揮最好的效果。

必要的時候，姓名中甚至還得留下一點漏洞才行——如果遇到案主的命盤沒有很強的格局，卻搭配太過貴氣的姓名，反而會引起負面效果。

其實，只要想想看，一個才五歲、身高矮、力氣小的孩子，帶著一千萬的現金走在路上會有什麼下場，你就可以理解了！

最好的證明是，同名同姓的人很多，但是他們的命運跟性格相同嗎？姓名是不可能獨立存在的，都必須以人的命格為本；但許多鼓吹案主改名的命理師，卻連命盤都不看，或者只是粗糙地搭配個生肖，好像一個好名字就等於擁有護身金牌一樣。就算你不懂命理，也該看得出這個邏輯非常荒謬。

改運的效果

同理可證，刻了開運印鑑就可以飛黃騰達？買了符文就可以無往不利？通常「助運」的東西效果沒有強到那程度，除非你命格本身就具備，它才能幫你催動；就算真有那麼強，那也要看你的命格挺不挺得住啊（前提是，這個印鑑跟符文是要貨真價實的）！

實際上，這些小方法都是幫助你清除某些障礙，或者起一些推波助瀾的效果，如果你本身的運勢就不錯，也很努力，只差這小小的臨門一腳，當然有可能看到明顯的效果，但絕不是改個名字、花大錢買些東西，就可以不勞而獲。

就是因為很清楚這樣的侷限，所以就算在姓名學最火熱的時候，依蔡家的老字號，若開出天價也不會有人質疑（坊間一大堆半路出師的姓名學命理師，都敢自稱大師、敢索取高於行情數倍的命名費用了），我外公、舅舅幫忙命名的價碼還是沒有調整。甚至如果有案主上門，說改名是想要求發達、求富貴，家中長輩也會如實告訴他：「我們幫你改了名字，大概會在某些部分有一些改善的效果，但不可能發生像奇蹟似的改頭換面的事情。如果只是這樣，你還想改嗎？」如果案主仍然堅持，他們才會接下這個案子，我爸爸更是常常直接

note 19

改個名字就可以招財納福、升官發財？別傻了！如果真的這樣，那每個叫「王永慶」、「張榮發」的人，都一定會是大老闆、大富翁囉？姓名是不可能獨立存在的，都必須以人的命格為本。取了一個好名字並不等於獲得護身金牌，除非你的命格本身就夠強，它才能幫你催動。同理可證，開運印鑑、符文等「助運」之物，效果也有限，千萬不要把這些東西看得太偉大了！

就告訴對方：「你這個名字沒什麼不好，不用改，問題不在名字。」我當然也知道，只要客人走出門，外面就會有很多人把他的事業、財運、感情不順，通通都怪到名字上頭，聲稱只要一改名，你的人生就會由黑白變成彩色的，偏偏人在脆弱的時候，什麼鬼話都會相信。

那麼，為什麼還是有人會覺得改名有用呢？就拿減肥當例子好了：

如果有一份食譜，可以讓你一個月瘦下五公斤。對只超重三公斤的人，瘦下五公斤當然可以魅力大增；但對於一個超重三十公斤的人，瘦下五公斤卻還是在超重的狀態。所以囉，如果有人告訴你，不管是誰，只要照這個食譜吃上一星期，每個人都可以變成型男美女、都可以進軍演藝圈，那當然就是他根本搞不懂這個食譜的真正效果是什麼，只是拿一些特例來當作通用的法則，失靈的數字會大於成功的數字，但總還是有那麼幾個成功的，因為他們本來就沒超重多少。同樣的道理，改名字有效的人，是因為他們本來的運就沒有差到太誇張的地步。

有朋友問過我：「既然姓名學在傳統上而言並非主流，為什麼那些想發財的人，要主打姓名學呢？學一些更正統的東西，不是更有說服力，還能賺更多錢？」這個答案很簡單，因為我猜那些人除了姓名學之外，其他的都不懂，如果你懂其他的東西，就不會只抓著姓名學不放。姓名學的邏輯可深可淺，較好入門，通常一般傳統的命理上，是拿姓名學來輔佐命盤用的，所以取名有許多既定公式可以參考，可以上手、出師的速度也比較快；不用功的或以賺錢為目的的江湖術士，當然是寧可挑個簡單的東西包裝一下，也不願意耗費功夫學其他更複雜的項目。

我對姓名學的概念，甚至不是爸爸教的，是我小學時代看了爸爸自己整理的姓名學筆記，知道要套用哪些東西，就開始現學現賣。雖然是籠統了點，一直到出社會好幾年，接觸塔羅牌之前都常會用，也已經很好用了。但姓名學如果沒搭配命盤的話，精確度真的是沒辦法太要求。就像我前面說的，同名同姓的人那麼多，如果單單只有姓名學就影響這麼大，那麼只要去看看跟你同名的人就可以知道自己的命運啦！何必費神去算？

以上這些，是針對一些除了算命，還兼自稱可以開運，或是已經超出正常範圍之外的業者而論。

不是你的，到手了也會變樣

此外，還有一些聲音是：如果算命真的那麼神準，應該可以告訴我下一期樂透開幾號、哪間公司一進去就可以平步青雲、那個配偶一旦結婚就是幫夫／妻幫到底……。

note 20

讓我們打開天窗說亮話，改名真的能改到運的，通常都是因為那些人的運本來就沒差到多誇張啦！就像一份可以幫你一個月瘦五公斤的食譜，對只超重三公斤的人來說，當然效果很好，但對一個超重三十公斤的人來說，就算瘦了五公斤也不可能立刻變成型男美女！

每次聽到這些說法，我都忍不住失笑！

請你記住，不管是東方或西方，是用推算的還是用占卜的，我們看的都是你的「命」跟「運」，而命運是按照你本身的業力所推動的，命理師／占卜師能做的，只是幫你在走人生之路時，挑一條最順暢、最可行的道路，而非把你引到一條根本不屬於你的道路上，當然也無法干涉你的自由意志。如果你早已命中注定不是以一個富豪的身分來人世做功課，就算有人（不是我，哈哈）可以告訴你下一期的樂透開獎號碼，你一買也真的中獎了，說不定當期中頭獎的人就超過一萬個，分一分之後你能拿到的也不過就是幾萬元，對你的人生根本起不了影響。

是你的就是你的，不是你的，硬拿到手上也會變樣。就像一個當醫生的人，也只能針對你的體質、基因、生活習慣，給予你最適合的建議和養生方面的指導，但醫生本身也有他的生活習慣以及體質上的限制，一樣會生病、一樣有可能壽命不長。我們也有過被誤診的經驗，曾經遇上好醫生，也碰過庸醫，難道我們就要說，醫學這門知識、這個行業都是騙人的嗎？當然不是這個樣子的。醫生有好壞，但醫學本身是真正有用的學問；命理師有好壞，但命理本身同樣也是一門完整的學問。

命理是一門有趣的學問，可以幫助我們在現有的知識架構下，看見比現實世界大一點點的範圍之外，還有另一個玄妙的世界，但並不意味著這個玄妙的境界就是全部，也不表示你就會因此開悟，或超脫出業力之外了。就像科學一樣，它可以解決許多問題，但往往卻解決不了許多終極的問題，畢竟我們只是人類，有我們的限制。

如果今天有一個人，可以超越所有對人類的限制，厲害到為所欲為，那麼對他來說，身為人類也是一件非常無聊的事吧；他根本不會留在六道輪迴之中，也不可能成為命理師被你遇到了。

note 21

命理如果真的是準的，那麼為什麼無法預知樂透開幾號？欸！別把命理師想得太無所不能，他終究也是人，能幫忙的部分是有限的，更何況命運是按照個人本身的業力所推動的，命理師只能協助你在人生之路上挑選最順暢、可行的一條，絕不可能厲害到把你引到一條根本不屬於你的道路啦！

2

我們是被命運控制住的嗎？

Q

如果算命真是準的，那不是很可怕嗎？因為這不就表示我們沒有自由意志，也沒有選擇的餘地？一切都是安排好、注定好的，這樣的人生有什麼意思？我們是命運的傀儡嗎？

除此之外，雖然西洋占星重複機率比較沒有那麼高，但是東方的紫微斗數跟八字，都是每六十年（一甲子）重複一次，時間也只用一個時辰（兩個小時）做區分，如果是這樣，那麼為什麼同樣命盤的人有時候會有完全不同的際遇呢？

A

很多人都有這樣的疑慮跟想法，我也可以理解。因為前面的故事有提到過，這就是我當初會開始研究神祕學的原因。

如果我們不能反抗命運，那不就像是一組被輸入設定的機器人，永遠只能照著設定走？但是，沒有人願意當機器人啊！

命運就像基因賦予的先天條件

是！是！我知道！但先不要心煩氣悶，其實生命的層次跟面向遠比你所知道的要複雜細膩多了，命運只能控制你一些基本的部分，但它沒有辦法控制你每一個選擇，也沒辦法控制你的喜怒哀樂。

舉一個淺顯的例子來說明好了，我們每一個人的外貌、身高體重、智商、性向、天分，無一不受基因影響，但你會覺得你被基因控制住嗎？

當然不會！因為基因中帶有的每一種特質，都是一種「賦予」，它可以決定你的先天條件，讓你在人世中有一個定位。命運跟基因一樣，有缺陷也有優勢，但大部分的特質都是中性的；有些缺點在特定的時間地點，會變成優點；反之亦然。所以是好是壞，完全看你自己怎麼運用。

其實，這就像在一場撲克牌局當中，發到你手上的牌都是注定的，有些人拿到爛牌，有

note 22

親愛的，別太緊張！命運只是一種先天條件，並不一定會就此決定了你的一生！這個「與生俱來」的條件，有缺陷、有優勢，但大部分的特質都是中性的。所以囉！重點是，你怎麼去運用，就像打牌一樣，有人拿到爛牌還是打出勝局，有的人就算手上一副好牌還是輸光光……。

些人拿到好牌，但不管是好是壞，這副牌都只是你的工具，想贏，就要拿這副牌當武器──有人拿爛牌打出勝局，同樣也有人拿好牌還是打到輸。

命運是可以被重新詮釋的

至於我們到底可不可以改變命運呢？

我的答案是：有我們可以改變的部分，也有我們不能改變的部分。人生就像一場考試，考題是老師出的，不是我們可以選擇、控制的，但是要多用功、要考幾分，是我們自己可以決定的。

就像我也常跟人說：「命運不能改變，但可以被重新詮釋。」如果你破產了，這件事情已經發生了，就算命運是可以改變的，在現在這一刻也沒用，因為它已經發生了；但是如果你往後一路沉淪，每況愈下，這次的破產就等於是你未來的陰暗預言，你回想起來時必定充滿痛苦；相反的，若你認清原來的路線有哪些盲點，重新修正自己的態度跟目標，之後捲土重來，那麼回頭看這次的破產，可能反而是你的一股推動力。

「命運」可以描繪出生命很細膩的面貌，它不是一個輪廓，也不是粗略的大綱而已。我的經驗是，面貌可以有很多種，因為命盤上的各種元素，都只是一個「象徵」而已。我們拿「紅色」來當例子好了，紅色可以象徵的東西很多，可以是鮮血、生命力、獸性、破壞力、企圖心、性慾、能量、控制、熱情、活躍、激動、傷害……，如果要用「紅色」來顯示你的人生，你要讓它變成「破壞力」，還是要讓它顯現成「熱情」？

這取決於你的心念，是善還是惡。

如果不要講得那麼玄，我們再舉個簡單一點的例子：

如果你的命盤顯示出你的本質就跟一顆雞蛋一樣（笑），那麼你遇到的人事物，都會改變你這顆雞蛋的面貌，可能是煎蛋、蒸蛋、滷蛋……，雖然雞蛋的本質並沒有改變，但是可以呈現出的面貌是不同的。

關於的命運，你就當它是一個「雕塑自我的過程」，不要把它想成是需要承受的東西。有一個很有趣的案例，就是在《榮格與占星學》一書中提到，精神分析的祖師爺佛洛依德的占星命盤，跟大探險家羅伯特・皮爾力（Robert Peary）的占星命盤是一樣的，也就是「孿生命盤」，照說他們的命運應該相同，但事實上，他們倆的職業完全不同，然而命運的「節奏」卻又是相似的。

羅伯特・皮爾力完成到達北極的創舉，跟佛洛依德發生「催化性具體彰顯」的時間，誤差在兩、三天之內（我想會有誤差，是由於他們所處地點的經緯度不同）；這兩件事情同樣

note 23

命運就像是一顆雞蛋，蛋的本質無法改變，但卻可以描繪出許多不同的面貌，可能是煎蛋、蒸蛋、滷蛋……，也就是說，命運雖然不太能改變，但卻可以重新詮釋，因為它本身就是一個「雕塑自我的過程」。

都是讓一種潛在的東西顯化出來，意義是相同的；而且，在這段時間內，流年行星對他們本命行星形成的相位，也都是一樣的。

自我修正，扭轉未來的命運

又有人說：「如果命運就是業力的因果展現，那再怎麼努力也沒有辦法改變，我們又何必花那麼大的功夫來修正自我？因為再怎麼做，結果都是一樣的啊！」這段話聽起來很有道理，但其中有一個盲點，你沒有辦法改變短期的結果，並不代表沒辦法改變長遠的結果；你現在承受的事情，是由於你過去的行為造成的，所以無法改變，但你現在的自我修正，就會形成你未來的命運，所以怎麼可以說改變跟修正心念、行為是沒有用的呢？

其實我知道那種無奈的感覺，如果有一個人，心性善良、品性良好，卻因為業力的問題受很多的苦，我也會覺得很不公平，也會覺得如果對自己沒好處，為什麼要維持正念跟善心？有什麼用呢？但轉念一想，他現在的善良跟正派，就是在為自己未來的幸福鋪路，不管善或惡，都是不會消失的，它一定會在該出現的時間，展現出它的威力。

命運是一種節奏、一個能量的振動，它不是被釘死的！你有你該遇到的事、該做的動作，但背後的發心，完全是你自己可以控制的。

我以前曾經在網站上舉過這樣一個例子：

很多人覺得：「上輩子他殺我，這輩子我殺他，是天經地義的事，因為該還的債躲不掉，因果也不可能就平白消失於無形，所以很多殺人犯不是很可憐嗎？他是來討債的，又不能不討，那不是等於報仇的同時又要被懲罰嗎？」我也思考了很久，但是最後我用占星跟塔羅牌的原理套上去，我認為：一張牌沒有吉凶，不管好牌壞牌都是中性的，重點是你讓它怎麼組合；一顆星也沒有吉凶，它的特質就僅僅是特質，看你把它用到什麼地方。這就像我們在職場上常說的：「沒有傻瓜，沒有庸才，只有放錯位置的天才。」我也會說：「沒有真正不好的特質，只有往錯誤方向發展的特質。」

就上面的例子來延伸，業報是一種平衡法則，它沒有對錯跟善惡，但愛或恨這種情緒，是人自己加諸在業力這個法則之上的。就算上輩子你被一個人心懷惡念地殺死，這輩子注定他要把命還給你。「把命還給你」這件事情是中性的，不見得代表你要殘忍地或是惡毒地害死他，如果你帶著這樣的情緒，就會又種下了一個惡因，很有可能變成下一個惡果。最好的方式是，上輩子你被他害死，但是你不用抱著復仇之心，因為業力是天地間的法則，就算你

note 24

活該我上輩子殺他，所以這輩子就要乖乖被他殺？哦！不，這樣想你就錯了！業報是一種平衡法則，沒有對錯與善惡，是人自己加上愛或恨的情緒，為何不想想這輩子償命的方式很可能是我為了救他而意外犧牲了自己呢？就算真的因果有報應，但是在這種平衡法則當中，要種下的是善緣還是惡緣，還是由你自己決定，而這個決定也將影響了我們的未來世！

不去索討，他也還是要還給你的，但你沒有害人之心，他把命還給你的方式，可能是因為要救你一命而犧牲自己，就像有人去救溺水的人，自己反而淹死一樣；也有可能是你在疏失中讓他喪命，但你對他的虧欠跟賠償，卻幫上他身邊的人；又或許是陰錯陽差他代你受了一死……，可能的劇情有太多種了，不見得一定要殺來殺去，業力才能取得平衡。

所以我贊成死刑，但是判刑的標準我認為要非常嚴格，要規定不具備到「某種程度的具體證據」，再可惡都不能輕易判刑，也就是不能以法官或社會的認定標準為標準，要以證據周延程度為準；但如果不是經由國家執行死刑，高張的情緒有可能透過私刑讓犯人付出代價，或是為了假性慈悲犧牲受害家屬應得的公平，打壓他們的情緒，那麼這些有毒的情緒就會再繼續延續下去。畢竟國家的執行是不帶感情的，只是一件應做的工作，但私人恩怨的仇殺，那種恨意的發酵力量會更大。

如果不是抱著仇恨之心，而且讓業力的平衡「自然的發生」，就像我上面提到的「上輩子殺害你的人，這輩子是為了救助你而喪失性命」這種狀況，種下的就會是善緣，因為抱持的是善念，如果要讓被殺害的人再殺回去，那麼會種下的就是惡緣。要種下哪一種緣，是我們自己可以控制的，也影響了我們未來世的命運。

我們不是被命運控制的——是命運屬於我們，不是我們屬於命運。

我相信有注定要付出代價的人，但是，我不相信有注定非要為非作歹不可的人。所以，我也不同意那種「你上輩子對不起他，這輩子活該被騙、被整、被殺，只是在還他而已」的說法。

上輩子對不起他也許是真的，注定要還他也是真的，但不能說他就一定要來騙你整你，他就注定要犯這些錯；難道當債主不想藉由做壞事來跟你討債，進而導致你無法消業障時，一切又變成是債主的錯了嗎？

我只能說，還債討債，不是只有一種方式；如果連善惡都要用命定論的說法，那這種人也實在是太沒想像力了。

雙胞胎分享同一個命盤？

另外，也有人常說：「就算八字相同，兩個人的命也不一定完全相同啊！」這就要請他參考上面提到的榮格孿生命盤的例子了，但我們倒是可以來談談另外一種完全相同的命盤，那就是雙胞胎。

如果是西洋占星，因為每四分鐘命盤就換一度，只要兩個孩子的出生時間超過十五分鐘以上，差異性就夠大，就沒有相同命盤的問題；但是東方的八字跟紫微斗數，都是兩個小時換一個命盤，雙胞胎往往就是同一個命盤，所以就有人問我：「很多雙胞胎個性不同、興趣不同，長大後的行業不同，婚姻運也不同，所以你們算命的根本不準啦！」

別說外人，很多業界中的朋友，也都表示在學習命盤的過程之中，遇到雙胞胎命盤就會不知道該怎麼做；其實我覺得要根本地解決這個問題，應該是要多找個案，然後直接以他們顯示出來的個性跟命盤，去看看對照到命盤中的哪個部分，再做記錄，就可以知道雙胞胎的命盤要怎麼對應了。

不過可能我做事一向不太經過大腦，都是理所當然地照直覺走——不要經過大腦，有時真的可以少掉很多無謂的思考跟煩惱（奧修是對的，哈）。我記得我第一次拿到一張命盤，說是出生時間前後不超過五分鐘的一對姊妹，我那時的思考邏輯是：「噢！那就是這兩個孩子共同『分享』一張命盤嘛！連我們沒有雙胞胎手足的人，心裡面都會有好幾個不同的聲音跟慾望了，這些相衝突的成分，就算兩個人分一分也還足夠得很，沒什麼不對的。」

所以我就從占星命盤上的太陽（代表一個人的外顯部分）當姊姊的主要性格，另一顆月亮（占星學中代表一個人的內在性格）當妹妹的主要性格，也不管這種分法對不對，就很高興地解起盤來了。幸運的是，這對姊妹當時都已經二十多歲，我解得很自得其樂，根本也不知道對不對的分析法，居然全部被印證是對的，兩個姊妹的個性跟際遇完全不同，但的確是命盤上的「外顯」跟「內在」兩部分不同的人格跟心態，就好像一個人被分成兩個部分去實現那些想法一樣。

雖然這件事看起來像是一個解盤技巧，但是雙胞胎可以選擇命盤中自己要走的路，我們又何嘗不可呢？

一個人的性格跟心理那麼複雜，有善有惡，可能愛吃中餐也愛吃日式料理，也就是說：「一個命盤中的零件那麼多，可以組成各種不同的機器，為什麼我們要限制自己，只能變成某一種樣子呢？」

命盤中的屬性，只要調整成某些特質內斂一點、某些特質外放一點，就會是完全不同的人了，但也不會違背自己命盤上的特質組合，所以人性的自由度，還是很大的啊（笑）！

只是我必須聲明：這種開闊的態度，是我們可以做的，卻不是我們必須做的。生命的自由度那麼大，我深深相信，一個人即使選的是看起來不好的路，也都只是過程而已，必然有它選擇的原因。

note 25

一個命盤中的零件那麼多，可以組成各種不同的機器，為什麼我們要限制自己，只能變成某一種樣子？命盤中的屬性，只要調整成某些特質內斂一點、某些特質外放一點，就會是完全不同的人了，所以人性的自由度，還是很大的啊！

3

命真的會愈算愈薄嗎？

Q 很多人問我，根據老一輩的民間說法，算命會愈算愈不好，這樣的講法是真的嗎？

A 因為沒有經過大量的資料追蹤驗證（執行上也很難做到），所以我沒有一個非常肯定的答案。但至少在我的家族中，沒聽過長輩有類似的說法。

我曾問過爸爸，為什麼有人會說「命愈算愈薄」呢？他笑著回答我：「命就是命，一個人的命盤是固定的（以八字跟占星而言），這是很客觀的數字建構出來的一個方程式，怎麼會隨著占算的次數產生改變呢？」

但就我的感覺來說，還是有層次上的不同。

就像有一個人的命盤上注定貴人很多，如果他本身就發下很大的願要幫助別人，那麼他的貴人運，就可以讓他匯集多方的力量跟資源，成就很大的善舉跟事業；不過，如果他的心念是保全自己、得到好處，那麼他一生貴人不斷的運，有可能讓他成為乞丐，終生也不斷地有許多人幫助他、救濟他。

這兩種命運，就「本質」上來說是相似的，但因為人格跟心念的不同，展現出來的「性質」就完全不同了。

為什麼第一次算命會最準？

如果要說為什麼會發展出「命愈算愈薄」的說法，我只能依我的命理工作經驗，稍稍做出一些推測。

我接占卜個案的這幾年來，清楚知道就算我能藉著命理跟占卜的工具，探測到一些超出人類本身五感極限的部分，也就是——比一般人能夠知道的多一點兒，但還是有其侷限。就像小學生看國中生，一定覺得國中生懂的東西好多喔！但國中生也還是只有國中生的程度，並不是全知的，也不能解決這個小學生未來的人生歲月中需要面對的所有問題。

我手上的很多案例，都是在第一次來時，或是在最漫不經心提出問題的狀況下，得到的答案愈明確、愈能驗證。這往往是因為你當下沒有太多期待，或是一直保持一顆完全空白的心，所以也比較不會去干擾到頻率振動的運作，如此一來，塔羅牌就愈能如實地把狀況呈現出來給你看；一旦你能夠掌握大致的事件發展方向，自然能做出最正確的判斷，對你就是最有利的。

占卜時，命主的執著和意念會干擾結果

不過，人性往往沒有這麼單純，只要案主本身發現這是一個可以幫他窺見未來的管道，

他的第一個反應往往是放下心來，接著就是知道自己發現了寶藏，再接下來，常常就會轉變為依賴跟執著的開始了。

人一旦掌握了一點點，就會想要看到更多、甚至全部，再次來找我占卜問事時，抱持的心態就不同了，他們會把很多的執念跟想要控制事件全局的意念，投射到我們正在進行的占算中，這往往就會變成一種干擾。

如果我們正在進行的是塔羅牌的占卜（和傳統命理相對應同性質的是易經），這種不是由出生時間排出來的工具，通常它告訴你的未來，不會是一成不變的，而是你所抽到的牌（或籤）會忠實地反映出你當下的狀況，從心態到周圍環境，甚至一些只有潛意識才能察覺到的部分。這就是為什麼很多占卜師看到牌或卦象，就可以知道很多你內心真正的感覺、事件的起伏，以及你身邊的人對你的影響。這不見得是因為有什麼神靈在幫忙，而是因為你自己親手抽出來的牌，就會帶有你的性質，而會解讀的人——如占卜師——就可以把它「翻譯」出來。

從牌面上或卦象上看到所謂的未來，其實是從你當下的狀況所投射出去的；一旦你的心念跟作為有所轉變，它就會跟著調整。而你愈執著，愈想抓住命運的動態，心念就會愈亂，一件事情的環節也愈容易被打斷，最後反而成不了事。

如果我們用的是西洋占星盤，或是八字、紫微斗數，那就如同我上文提到的例子，你愈想著要控制狀況，愈想著自己要從中得到什麼，就愈容易把自己的頻率往下拉。相反的，如果你對未來是渾然不知、一片空白，那還比較容易保有謹慎、謙卑的心態。要是你因為掌握了比一般人多一點點的資料，就開始覺得所有的奧祕都必須為你展開，這種想要控制一切的心念，就會讓你往負面的方向走。

舉個實際狀況來說吧！在我遇到的個案中，往往第一次、第二次還能都帶著一點好奇、開放的心態來占卜，此時通常我能給他非常明確、清晰的方向，可以告訴他接下來的趨勢以及他本身需要做好的因應方式，結果常常是皆大歡喜。然而，一旦他開始覺得原來命理這種東西能幫助他節省很多時間，就會想要避免掉所有的冒險及功課，甚至希望能藉由知曉未來，完全一路順風，於是有事沒事都想占卜一下，或是明明不可為的事，也希望藉由占卜的指示，讓他可以扭轉局勢。

他是不是我結婚的對象？

一旦開始占卜一些太偏執的問題，例如說，如果你現在開始交往一個戀愛對象，你需要

note 26

從牌面上或卦象上看到的未來，其實是從你當下的狀況所投射出去的。一旦你的心念跟作為改變了，它就會跟著調整，而你愈執著，愈想抓住命運的動態，心念就會愈亂——注意囉！這種想要控制一切的心念，很容易會讓你開始往負面的方向走。

知道的只有：「他的人品如何？」「這段感情中，要帶給我的是什麼？」「我應該注意哪些事項，要採取什麼樣的心態面對？」這樣就夠了。因為每一件事情之所以會發生在此時此地，就是這件事要讓你看清一部分的狀況，進而達到成長、改變的目的，所以你只需要知道怎麼去面對這個功課就好了。

但是當你開始陷入迷思，認為自己可以藉由一些窺探命運的工具來控制人生，一旦開始談戀愛，會問的問題就是：「這個人是不是我結婚的對象？」「他會不會忠誠一輩子？」「會不會永遠愛我？」諸如此類在我看來完全沒必要問的問題。

我通常會回答：「你不是才剛開始跟他交往嗎？」對方則會理所當然地說：「如果不會結婚，或是以後他有可能讓我傷心，那不如趁現在就分手，不要浪費時間。」

每次聽到這樣的話時，我都會非常錯愕。

也許他不是你的結婚對象，但是與他的這一段情緣，會幫助你培養一些新的觀點跟認知，讓你在遇到真正要相守的對象時，調整到更好的狀態；也有可能這個人是要讓你受一點傷，去引發你其他的際遇，而真正的正緣，才會藉由這個管道被引到你身邊來……。我們要做的、能做的，不是要避免受傷，而是要讓自己在受傷時，能夠更豁達地去面對，並且有堅強的心性；能夠不要沉淪其中、不要走進死胡同；能夠很快地看清真相，擁有替自己找到出路的能力。一關過了，要趕快走進下一關，不要一直停留在原地，但也絕對不能選擇乾脆不要去闖關。

愈想控制命運，愈容易找來麻煩

為什麼要把自己的生命，壓縮成一個一個無趣的小格局，走進每一個你設定好的框架？如果你凡事只求不要出錯就好，那不誕生到這個世界上，或許才是最安全的選擇。命理是幫助你渡過難關的好工具，但不代表你可以只待在安全地帶，逃避必須做的所有功課。

強把自己的價值觀套在每一件事情上，硬要把每一件事都冠上你自己「好」或「壞」的定義，希望控制事情往你期待的去發展，要知道：你所期待的不見得是最好的！人跟真正的天道比起來實在太渺小了，你又怎麼能斷言，什麼樣的人生才是你真正需要的？

人愈想過度干涉、愈想控制每一件事情，就愈會把局面搞亂。這樣的人抽到的塔羅牌，常會呈現出一種凌亂的局面，讓我解讀不出來，或者是跟著案主的念頭做出反應，牌面的答案就完全是他想要的答案（尤其愈是聰明、意志力強的人，愈有這種狀況），但是卻看不到

note 27

你所期待的不見得是最好的！人愈想過度干涉、愈想控制每一件事情，就愈會把局面搞亂。這樣的人抽到的塔羅牌，常會呈現出一種凌亂的局面，讓我解讀不出來，或者讓我跟著案主的念頭做出反應，牌面的答案就完全是他想要的答案——當一個人愈想控制命運，就容易給自己找來愈多的麻煩，也許在古人的說法中，這就是所謂的命愈算愈薄了。

他的環境跟周圍的人是和諧的，也沒有一個合理的進展程序。遇到這樣的人，我往往會轉介給其他類型的占卜師、治療師，甚至請他先不要再想占卜的事，開些書單給他，或要他出國玩一趟，視個人狀況而定，因為案主對我的方式太過熟悉，會讓他認為我使用的工具，可以達到所有他想要的目的。否則，只會讓對方愈來愈想控制命運，卻反而為他找來更多的麻煩。也許這在古人的說法中，就是所謂的命愈算愈薄了。

因為其實老天爺會給你的，往往比你自己想要的還要好。放開心胸，接受一切的可能性，才能在短短的一生中，完成最多的人生功課。有時我遇到的一些個案，會在鬼打牆了很久之後，有一天突然跟我說：「老師，我覺得我懂了，雖然占卜可以幫我看到很多東西，但不是所有的東西，我應該面對的是真正的人生，我一直執著在占卜上真是太蠢了。」這時我會很高興，表示他結案了！雖然他還有要面對的問題，但已經不在占卜可以處理的範圍內，自然代表他升級了。眼界愈擴大，你才愈能真正掌握自己。

4 算命師不過是冷讀術，我們會覺得準，全都是因為自我暗示？

Q

其實我覺得算命都是冷讀術，算命師都是察顏觀色、套人家的話才會準，雖然命盤、塔羅牌或卦象也許真的可以看出一點什麼，但公式太籠統了，最多也只能看出一個大概吧？還是要懂得人心才會準。如果算命師預測的事被說中，也是因為去算命的人太過認真看待，自己有意識或無意識地照著算命師講的方向走，根本不是真的被算準了。

A

我不能夠否認命理業界龍蛇雜處。講這種話的人，一定都是看過很多被騙的例子。

而且目前在江湖上行走的命理師，如果又沒有別的專長，靠算命混飯吃的，一定有更多這樣的情況——算不準的人，當然要猜測人心。即使是算得準的人，為了怕出錯，或為了保險起見，也會想要抓住一些顯而易見的線索，先讓對方相信自己；在命主透露更多訊息以後，他才敢放心地往下講。這兩種人，一種是沒本事，一種是沒自信。

話這樣說雖然沒錯，但不論是沒本事還是沒自信的算命師，都不能拿他們來當「命理」這門學問的代表性人物。就像你遇到一個密醫或學藝不精的蒙古大夫，不能經由這種經驗，就斷定整個醫學界的理論跟技術都是騙人的。

外表和言語最會騙人

依我自己為例來說，在執業以前，我是先在網路上幫人解讀占星命盤跟塔羅牌，來做為學習跟自我訓練的途徑。一小段時間過後，更成立了「女巫神算館」網站做為學習神祕學的進階者交流心得的地方。

我們都知道，網路上臥虎藏龍，我認識很多稱得上專業又有本事的命理、占卜高手，即使隔著網路，見不到被占者本人，依然完全無損於結果的準確度。這些人日常生活中的身分也不是算命師，通常都有其他正職，在網路上幫人解盤、解牌、解卦，純粹是為了興趣；即使有點錯誤，也是抱著「我為什麼會出這種錯？大家有沒有什麼看法？」的心態來處理。因為不會危及飯碗，也不需要什麼信徒，自然就沒有「怕自己算不準，拗也要拗到你說我準」的心態。在網路這種不見面狀況下，準確度還能高達八、九成，真的就不能說是察言觀色或用權威性去催眠對方跟著自己的話走所能解釋的了。

而且，跟大家想像的相反，基本上我在面對面占卜時，很少去看對方的表情，甚至也很少去注意他們的穿著打扮。在我看過那麼多的人後，最深的心得就是：「人，從表面上還真的是看不出他的內在。」事實上，不只外在印象無法代表他的內心世界，就算是對方告訴我的話，也要非常小心看待——因為人都有自我保護的傾向。個案告訴我一件事情時，可能他真正的重點並不在於講出口的這些事情上，反而在於沒講出口的部分；也有可能他說了很多不相干的事來當煙幕彈，去修飾他真正想問的問題……。所以，不但我自己不這樣做，我也奉勸對命理有興趣的朋友：「外表跟言語都會騙人，不要太相信你看到的，或是聽到的東西。」反而牌圖或命盤上呈現出來的東西，才是赤裸裸的核心。

我就遇過一個令人十分震驚的案例：

有一次，一位看起來非常乖巧、害羞，不太會打扮穿衣服，連話都講不太清楚，一派天真又有點傻樣子的女孩，來找我占卜問感情的事。在交談的過程中，我發現她對於目前的時事也都不太清楚，感覺就像溫室裡的花朵。如果你要我猜，我推測她：「從小到大都是乖乖牌，沒有交過男朋友，目前的生活除了工作就是回家，最適合的職業應該是考公務員，之後最適合的戀愛方式是相親結婚。」

但是她的感情運牌面一翻開，嚇了我一跳，牌面顯示她的交往關係有點複雜，情人也不知道已經換過幾任了，每一段戀情都非常短暫但是激情；而且她挑選的對象，都是家人跟親

note 28

外表跟言語都會騙人，不要太相信你看到的，或是聽到的東西——牌圖或命盤上呈現出來的東西，才是赤裸裸的核心。

友一定會極力反對的人。我考慮了一下，還是不加修飾就把牌面的意思說出來，然後問她：「妳的感情為什麼看起來很離經叛道？我看妳也不是那種反抗性很強、或是愛找刺激的女孩呀？」

她有點委屈地說：「我不叛逆啊！我也想要談穩定的感情！可是我是同性戀，談戀愛本來就沒有保障，我沒有辦法要求什麼未來，也絕對不能介紹給親友認識，更不能讓媽媽知道，我也沒辦法呀！」聽她講完後我才恍然大悟，為什麼塔羅牌會出現這樣的訊息。

專業才是王道

也有人說冷讀術可以套出對方的話，一些無意識的動作就可以知道人的內心世界，所以要讓人家覺得你很準，有什麼難的？我想，講這種話的人，可能把冷讀術跟心理學都想得太簡單了。市面上的教學跟書籍，都只是基本技巧而已，要用得出神入化，絕不是你自己隨便套用一下就可以了。

以塔羅牌為例，別說買書，網路上就可以查得到每一張牌的牌義了，清清楚楚、應有盡有，但為什麼沒辦法每個人都變成塔羅牌大師？這是因為：如果你在同一個問題上抽到意思相衝突的牌怎麼辦？如果塔羅牌顯現的意思，你無法具體看出現實面怎麼辦？如果出現的塔羅牌，跟你要問的問題不相干怎麼辦？

所以同樣的，我也可以問你：如果你的冷讀術套出的話，跟你預設的答案方向不同怎麼辦？如果你想知道他遇到的事情給他什麼樣的影響，而他的動作只看得出他說謊與否怎麼辨？如果相衝突的肢體語言，例如他的手勢顯出他很想讓你了解他，但是他的小動作又顯示他在說謊，那你要怎麼綜合起來解釋？

不管是算命，或是冷讀術、心理學什麼的，現在的資料都很透明、公開，然而世事要是真的那麼簡單，早就每個人都是高手了！騙術本身的學問，恐怕比命理知識還要高深複雜，不是隨便誰都可以當高手的。我個人甚至覺得，學騙術要比學占星、八字跟塔羅牌難多了，為什麼要捨易求難（笑）？更何況算命的程度可高可低，命士評斷算命師——有收錢跟沒收錢、收多的跟收少的……。他用來衡量標準的那把尺，自然也就跟著不同，哪有那麼好打發？我的收費比一般標準稍微高一點，遇到的客人就更要求專業了。

我遇過形形色色的客人，有從南算到北，從西洋算到東方，從免費的算到一次幾萬元的，比我的見識還廣，他們有的還會替每一個算命師分類：像是分出每位算命師算得特別準的「領域」，例如有些人算事業很準、算愛情就每次都會出錯；有些人專門看婚姻，財運他就講不出個所以然——即使是不準的算命師，每個人唬爛的風格也都不同（笑）。

一旦你要收費，不管哪一行的消費群眾，當中一定都有專業的、明察秋毫的「專業顧客」，包括命理界在內。

巴納姆效應

很多人喜歡拿巴納姆效應（Barnum effect）來說算命師講的話是那種「套用到每一個人身上都可以成立」的話術，進而認定命理是一門招搖撞騙的技術。

巴納姆效應

巴納姆效應，當用一些很普通、很廣泛的形容詞來形容一個人的性格時，人們常常毫不考慮地接受它，以為說的正是自己。

博特倫・福瑞爾（Bertram Forer, 1949）最早做出這個效應的證據。

他向他的學生宣告要做一個人格測驗，並在施測完後，給予每個人一個獨特的、簡短的人格描述，並要求學生對於自己的人格描述做一個效度性的評斷（其實他給的人格描述只有一種，而且相當模糊）。結果收回後的統計結果是4.3（scale 0-5），顯然大家都非常滿意。

以下便是他給每一位學生的人格描述，意涵相當之模糊，模糊到幾乎適用於每個人。

例如：

1 你相當需要別人喜歡、羨慕、尊敬你。

2 你常對自己要求嚴格。

3 你自覺有相當的潛能在，並尚未被開發。

4 你自覺在人格上有缺陷，但你有能力去彌補它。

5 你對於性的適應有困擾。

6 雖然外表上，你看來相當有自制力，但內心卻常常無安全感並擔心自己的表現。

7 你發現對別人坦白並非是好事。

8 你有時很外向、開放，有時卻相當內向、保守。

以上敘述，十之八九的人，都是如此。

這個例子很有趣。不過我認為，這些只能算是模糊又籠統的準確度，大家就很滿意的原因，是因為：

一、這是免費的。

二、被占算的對象對他期待不高。

三、被占算的對象，沒有機會提出明確的問題，只能聽到他選擇要告訴自己的事。

巴納姆效應測試的方式，籠統的程度甚至比那些答案模糊不清的算命師，算出來的結果還籠統，所以大家的心態是聽聽無妨，反正沒有太大的錯誤就算對，但說這種東西的準確度跟算命一樣就太可笑了，能夠打敗這個例子的，大概只有給小學生看的趣味心理測驗吧！

籠統無法混飯吃

但如果你是職業命理師，要解決、要傾聽、要提出解釋的問題那麼多，而且還千奇百怪，若要光靠上面這些籠統的說法就能混口飯吃，命理業早就消失了——就像一個三歲小孩會煎荷包蛋，那是非常驚人的事，但是一個專業廚師只會煎荷包蛋的話，是會被唾棄的。所以就算有時候我講很細，命主還是會追問：「可是不是每個人都會這樣嗎？」我就得再把他的狀況跟其他人做比較，再告訴他不同之處在哪裡。

另外，很多人會說：「算命預測的未來準確，都是因為你自己照算命師預定的路線走。」在早年民智未開時，我認為這種說法有很大的正確性。大家應該都聽說過算命師說要往東，家人就絕對不敢讓你往西的例子吧？不用我再多說，假使這樣過完一生，當然就跟算命師講的人生是一樣的囉！

然而，現代人可就沒那麼好打發。來找我看西洋占星的人，如果是想看他的天賦，我不能給他一個籠統的行業或領域就好，我必須告訴他發展的方向，例如說想要知道行業別，或是老闆的特質之類的。有些人的命盤很明確地指向某個行業；有些人的命盤卻只顯示出他工作的時間、人際關係跟行業特性；有些人的行業別不重要，工作的地方跟接觸的對象是誰才比較重要。不論如何，我必須得做到：

一、有打到他心坎，他覺得有共鳴，而且他已經感覺到卻很模糊的東西，你要能夠明確地描繪出來，不是明明跟他不對盤，你卻說不出所以然，只會拚命鼓吹。

二、告訴他要怎麼做，怎麼結合現有的資源去開創出這條路。
三、要抱著什麼樣的心態去面對這件事，才能避開阻礙強調自己的優勢。

我常在想，隨便講一個看起來就知道對方不可能去從事的行業，說他幹這一行才會發大財，再說他是不聽我的話去做我指定的行業，賺不了錢是他自己的錯，或許日子會過得輕鬆一點。只是來找我的個案，通常都是很不好打發的那種（笑）。而且現在的人自我意識都很強，也不會乖乖地認命，就算要照算命師的指示去自我暗示，也不可能每件事都做到。如果凡事算命師一下指令他就能辦到，也未免太強了，算命師改行去當催眠師算了。

我承認命理業裡的騙子很多，但那是人的問題，不是命理這一門學問本身騙人。這就像現在的政客大部分都是騙子，但政治這門領域不是為了騙人而存在的（而且我覺得政客騙子比命理師騙子還多）。明明是人為的錯，卻把罪過推到命理學或政治學本身上頭去，就是怪錯對象。

note 29

一個三歲小孩會煎荷包蛋，那是非常驚人的事，但是一個專業廚師只會煎荷包蛋的話，是會被唾棄的。這就是業餘和專業的差別，命理師強調的是專業。

所以囉！只要你睜大眼，就會看得出，這些人對命理學連最基本的了解都沒有，用這些看似科學、強調自己理性，實際上卻全部都是臆測之詞的說法，去證明「算命是騙人的伎倆」，其實才是最沒根據的。

note 30

命理業裡的騙子很多，但那是人的問題，不是這一門學問本身騙人。這就像現在的政客大部分都是騙子，但是政治這門領域並不是為了騙人而存在的——「算命是騙人的伎倆」這話，其實才是最沒根據的。

5 命理師算命要免費才算有良心？

Q

命理師、占卜師很多都是修行人或帶天命，而修行人本來就是以服務眾生為出發點，不該貪財，所以好的算命師不應該收費或應該隨喜，因為他們幫助人就是在累積功德，不收費的才是存有善心的命理師？

A

這種說法也是自古就流傳下來的一種價值觀，一直到現代社會，即使大家已經沒那麼缺日常食衣住行的花費了，還是習慣性地把免費、低價當成一種善心的表現。

然而，我從來就不覺得免費就等於是好心，也許有些人的確是出自善意，但是動機是一回事，你造成的結果是什麼才是重點，遠比一開始的動機來得重要多了。

費用不是問題，當然愛收不收都可以，但是重點是——命理師、占卜師自己要把持得住，不要讓人從你身上予取予求，這對算命師或問事者都沒有好處。

不當免費的情緒垃圾桶

我最初研究占星跟塔羅牌，只是因為好玩，僅僅當成興趣去鑽研。因為常在網路上活動、發表文章的關係，文章如果言之有物，自然就會有很多網友把他們的狀況拿來詢問我。我也抱著跟所有人一樣的心態，很高興能幫得上忙，可能的話都願意盡心盡力幫忙他們解惑，但之後我漸漸發現，這樣做會產生一些問題。

通常網友一開始都只有一個根本的問題，我可以理性地幫他作諮商，不過久而久之，對方常會不自覺地把負面情緒像潮水般地向我傾倒，不只讓我在心情上感覺到不舒服、時間作息被打擾，更重要的是，對方也不會去面對自己的問題。

這是人性，一旦有一個人可以聽他們說話，他們一開始是正常的宣洩（這也有其必要），但很多人到了之後，就變成在鑽牛角尖，像鬼打牆一樣講重複的話、問重複的事，一直讓自己的思緒陷在同一個地方不肯出來。這時候，我就會覺得我的時間跟力氣，都等於被浪費掉了。

當然，我要聲明，每個人的狀況是不同的。

有些人的容忍度比我低，在這之前他就已經很不舒服了；有些人容忍度比我高，會覺得也許對方需要更久的時間才能走出來。

至於應該把停損點設在哪裡，這並沒有一個絕對的標準，就設在你覺得自己可以接受的範圍內就可以了。一旦你開始覺得，再這樣下去只會讓對方鬼打牆，又給自己造成困擾時，就該果決地喊停。

當發現不管我說什麼、做什麼，對方其實都已經沒在聽，只是執意地在自己的情緒迷障裡浮浮沉沉，還要拖著別人跟他們一起演出的話，會讓我覺得自己非常不受尊重。

其實我的個性是很隨緣的，我提出的建議跟改善方式，命主當然可以選擇不採納，因為做決定的人、努力的人永遠是自己，我講的話僅供參考，我只是做該做又能做到的事，無權強求結果。不過，如果對方的態度不是不採納，而是根本沒在聽，那就是浪費我的時間，這會讓我覺得這個人對我的態度，缺乏一般人際之間應有的禮貌跟教養，自然而然的，我就會覺得自己沒有必要再奉陪了。

當然，一個人的個性不可能說變就變，這就是人性，但是我必須把自己維持在一個良好的狀況，如果被對方拖垮，我也幫不了忙啊！

這時候，就必須想一個維持平衡的方法。

當我決定之後不再當免費的「情緒垃圾桶」後，就訂出價格，可以接受的人就約占卜時間。有些人選擇不再詢問，這也是一種方法，完全看個人的意願——這就是我在不經意間踏上專職之路的心路歷程。

總之，「遊戲規則」訂出來之後，我發現彼此之間的談話品質好多了。

我的收費原則

第一、因為我是按照時間收費，所以對方會因為有這一層壓力而把握時間，不管是敘述問題或是問話，都會盡量找重點。

因此，就比較少遇到講話一直落入無限迴圈的狀況，進而大幅節省大家的精力。

第二、如果命主一直在某一個點爬不出來，就可以判斷出他的問題真的很嚴重。

如果占卜不收費，很多人其實只是無病呻吟，覺得有個人可以聽他講話、安慰他，他可以毫無限制地吐苦水；有些時候只是一時的情緒低潮，並不是問題真的很嚴重。但是，如果命主已經付錢占卜還出現這種一直困在某個點說不停的狀況時，那就表示他根本已經不在乎價格的多寡了，也意味著他的狀況真的非常嚴重，應該多聽他重複幾次，多花一些耐心來處理問題。

每個人在乎的層面不一樣，像我這種人，如果哪一天你發現我覺得錢一點都不重要，那你就可以知道，這個困擾在我的世界中，已經是核爆等級的災難了，哈哈哈！

第三、權威性有差，影響力有差。

使用塔羅牌或星盤可以給出來的建議，跟我們依照直覺、經驗給的建議，有時候差異很大，有時候卻完全相同。

因此，付費諮商的另一個好處是，有時候相同的話、相同的建議，以朋友的關係、用朋友的口吻說出來，是沒什麼分量的；但是如果是牌面或命盤上所顯示的，那權威性就非同小可，當事人往往能比較認真看待，並且在做出改變之時，因為是命運建議他的方向，他也可以比較充滿信心，事情改善的機率就大多了。

第四、花錢買來的建議較容易被重視。

我早期義務幫人占卜或我身邊一些始終秉持服務心態幫人占卜的朋友，所遇到最困擾的事，往往就是同一個人每天都要找你，每次找你都要重複一次同樣的問題，講同樣的話、煩同樣的事，好像得了失憶症一樣。他只聽他自己預設好的答案，其他什麼都聽不進去，而你則必須不斷地告訴他一樣的事。

之後改成付費的形式，對於算命師給的意見跟指示，因為是花錢買來的，對方就會比較慎重地看待，也比較會記在心裡面，對他的影響也會比較大。

如果他還是重複做同樣的事，由於是付費占卜，命理師也比較可以心平氣和地處理，畢竟開了價，代表時間就是你的，再怎麼重複，都有相等的對價關係。

這就像如果我們賣一個東西給別人，他買了以後要拿去做什麼，其實是不關我們的事的，就算丟入垃圾桶、沖進馬桶，那也是他的自由；我們的責任跟義務，只有把東西交付給對方而已。

相反的，要是你誠心誠意挑選了一樣禮物送給人，對方卻隨手一扔或毫不珍惜，你一定

note 31

相同的話和建議，以朋友的關係說出來，往往沒什麼分量；但是如果以命理師的身分鐵口直斷，那麼權威性就非同小可，當事人往往能夠比較認真看待。付費的另一個好處是，因為是花錢買來的，就會比較慎重看待這些建議。

會覺得自己花的心血都被糟蹋了——那種不平的情緒所帶來的負面影響，往往都不輸給真正的事件。

命理諮商不是浪費慈悲

我常常建議有心走命理諮商這個領域的朋友記住一件事——

我們是專業人士，有責任感、有耐心，這是必要的；但我們也是人，不要把聖人跟神的標準套在自己的身上，要求自己無怨無悔、隨傳隨到，就怕別人覺得自己不是好人。在每一場占卜中，我們是傳達訊息的翻譯者，不要覺得這樣就代表我們高人一等，要更犧牲、更忍耐、更奉獻——請認清楚我們沒有那麼偉大。

命理諮商只能在不拖垮自己的範圍中，盡力做自己能做到的事而已。

常遇到的例子是，不管通靈或占卜，有些人會覺得這是自己的使命、義務、命運，會覺得自己要跟神一樣無慾無求又任勞任怨，受糟蹋、被浪費時間，也不敢拒絕任何個案，怕這樣自己會不夠慈悲。對於這樣的「道友」，我會勸告他：「慈悲是拿來用的，不是拿來浪費的。」

此外，我覺得這也是一種另類的自我膨脹，因為覺得自己跟一般凡人不同，當然要比一般凡人更善良、更有耐心、更不愛錢。如果是已經出凡入聖的人的話，那當然也不錯，可惜我看到的情況九成九都只是想當聖人的凡人而已。最後就會把自己累個半死，滿口抱怨，然後乾脆收山，還認定人性都是貪婪又自私的。

唉，是你給他們自私的機會，要怪誰呢？

這樣對人、對己都沒有好處，你有權利表現善良，但是你沒有權利要求別人都要回報你啊！因為這種事情讓自己失望灰心，我覺得非常不值得。

如果你對人是有幫助的，那麼設下一些關卡，等於給他們再一次確認問題的機會，也過濾掉有能力自行解決問題的人。這道理就像是，一間夠水準的餐廳，我會反對他們長期用低價來促銷，因為這樣的結果，不是品質必須下降，就是經營不下去，對老闆對顧客都沒有好處。

收不收費是看個人的意願，以及自己可以承受的範圍，沒有是非對錯。但首先要有正確的認知，你才會訂出正確的遊戲規則。

你覺得不收費、不設限，就可以幫助更多的人嗎？

然而現實是：不管在各行各業中的哪一行、哪一業，往往都是你愈不設限，就有愈多其

note 32

其實很多命理師堅持不收費的理由，說穿了也是一種另類的自我膨脹。因為覺得自己跟一般凡人不同，當然要比一般凡人更善良、更有耐心、更不愛錢。如果已經出凡入聖的話，那當然也不錯，可惜我看到的情況九成九都只是想當聖人的凡人而已。

實不需要幫助的人，因為自私或依賴成性而把你團團圍住，結果反而讓真正需要你的人無法接近你。

既然要用入世的方法做事，就不能抱著不食人間煙火的想法。

note 33

收費可以說是設下一些關卡，等於給命主再一次確認問題的機會，也過濾掉有能力自行解決問題的人。這道理就像是，一間夠水準的餐廳，如果長期用低價來促銷，所導致的結果，不是品質必須下降，就是經營不下去，對老闆對顧客都沒有好處。

6 算命準的人洩天機，所以天生命帶三破？

Q 聽說算命如果準的，因為洩漏了天機，一定會帶有三破中的一項——身體殘障、絕後、貧病交加，這是真的嗎？不想付出代價的人是不是就不適合接觸命理？沒有帶三破的算命師，就不準嗎？

A 關於這件事——

基本上我從來沒有想過，也未從長輩口中聽過這種說法。

由於我從小在一個命理家族長大，所以很多人都以為我們一定對「算命準者必命帶三破」的講法深信不疑。嗯……老實說，在我的認知中，這不過是江湖傳言罷了。

就像真正有陰陽眼的人，會知道一般人對於鬼神的猜測跟想像都是不正確的，而真正長時間近距離接觸命理的人，因為認知清楚、抱著平常心，基本上對於「算命師一定都是怎樣」這一類的說法都非常陌生。以我來說，反而是在外接觸一些非家族的命理師之後，才從他們口中聽到這些有的沒有的。

以訛傳訛的禁忌

也因為這樣，很多人對於我出身命理世家，卻不相信什麼「二十九歲孤鸞年」、「婚配不能差三、六、九歲」之類的禁忌，會感到很驚訝。事實上，驚訝的其實是我，我們才不相信這些積非成是的道聽塗說！

不用追溯到太遠，也不用去請教我那四代相傳的長輩，在我小的時候，坊間關於孤鸞年，以及三、六、九歲不宜婚配的傳言，其實就已經不是那麼確定的說法了，只是會聽到有人說：「有很多人的命格不能在二十九歲時結婚，因為二十九歲『好像』是孤鸞年。」「差三、六、九歲的配偶，相處起來『可能』會比較辛苦哦！」沒想到這些說法，隨著我年齡的增長，卻如火如荼地從「說法」變成「鐵則」了！說真的，大眾以訛傳訛的速度，每次都快到讓我傻眼！

即使我沒正式學八字，但就我個人「常識」上的認知，命盤上的孤鸞年是有的，但並不是每個人都在二十九歲——正確的方式是：必須用你的命盤流年下去推算，才會知道你的孤鸞運是在什麼時候。就算是社會的整體大運到了不宜婚配的某一年，我認為還是要看你的流年盤，才能真的知道這種年分對你個人的影響是什麼？

這就像西洋占星學中，有些時候整體天象沖剋頗多，全體人類社會的運都不好，但多少還是有日子過得好、甚至很幸運的人，不是嗎？這可能是流年整體運雖凶，但剛好對你的命盤形成好的影響。

至於兩個人適不適合結婚，也不是用相差的歲數就可以決定的，不然合八字是在合什麼意思的？一張命盤上的細節那麼多，如果可以只用年分去決定，那我外公、舅舅，甚至我爸爸排命盤排得那麼辛苦，是因為吃飽太閒了嗎？

同樣的，雖然我是個西洋占星師，但我絕對不會講什麼××座跟××座合得來，但××座跟××座一定合不來這樣的話。當然，這種論點在占星界中同樣也有以訛傳訛的狀況，但事實上，這屬於沒常識、一竿子打翻一船人的說法。

懂算命，反而不迷信

更有很多人會覺得你們家是算命的，所以一定很迷信，但是事實上，很多莫名其妙流傳下來的說法，我們根本是置之不理的。

除此之外，我們也不會執著於命盤，因為你懂它的理由就是為了要駕馭它，如果看懂命盤是為了照章行事、唯唯諾諾，那不如不要懂，省得給自己找麻煩！不懂算命的人往往比真正的命理師迷信多了，人們就是因為不懂，心中沒有一個準則，也沒有一個正確的認知，才會去迷信。

曾經，有人這樣跟我對嗆：「都是你們這種算命的人害的，我媽因為我跟女友差六歲，就拚命反對我們結婚。」

我一聽，也不甘示弱地反駁回去：「你不能娶女友，根本就是你自己那個迷信的笨媽媽害的，干我們什麼事？你去問問不裝神弄鬼的正統命理師，哪一個會講這種沒常識的話？你媽偏要相信騙子我有什麼辦法？她又不是我養大也不是我教出來的！」

能洩漏的就不是天機了

老實說，「算命的人會有三破」這種說法還真的不時就會聽說。不過，因為我家長輩日子從來沒過得比其他人差，自己踏入這個行業之後，也知道修為愈高的人愈是豐足、和善、快樂，「算得愈準愈容易遭天譴」這種說法，跟我眼睛所見的完全不同，所以我也從來沒把它當成一回事。

因為這樣，我是直到執業一段時間後，身邊很多人都開始替我擔心（當然，我的親人除外），才知道這種說法影響力這麼強。

為此，我也跟很多同行中的高人交換過心得，才漸漸心裡有個底了。一開始，我對「算命者會洩天機，所以命帶三破」的這種說法其實也感到相當迷惑，就像我的一位朋友所言：「你又沒用天機去害人，為什麼要遭天譴？」我也是用同樣的問題去問那些對三破說深信不疑的人，對方總是憂心忡忡地告訴我：「唉呀！洩天機就是破老天爺的局，還有干擾他人的業障，這種報應是很重的呀！」

這時我就再一次慶幸，我從小在命理家族長大。就因為看慣了，覺得算得準是理所當然的事，不是什麼了不起的通天本領。既然有命盤的存在，當然就是要拿來看的呀！所以自小就認為，老天爺根本不會覺得這種事有啥需要祂插手來懲罰的。

老實說，有本事洩天機、卻沒本事躲掉懲罰的人，這未免也太弱了吧？會讓人懷疑他的天機到底有多少價值。

這些人自以為「因為算命本領太強而遭天妒」的想法，只不過是一種自我膨脹的妄想症罷了，他們常常會讓我聯想到一些根本不起眼的小人物，到處跟別人說國家情報局或特務在跟蹤他、監聽他的電話，或者明明只當過那種在鏡頭上出現了三秒鐘的臨時演員，出門卻緊張兮兮、慎重其事地戴墨鏡口罩，說怕被狗仔偷拍……。我就別再打比方了，免得被蓋布袋（毆）。

不過平心而論，雖然我不相信這種說法，但我可以理解為什麼有那麼多人相信——很多算命的人，尤其是早年的命理師，帶有殘疾或過苦日子者還真的不在少數——雖然說法和推論都不正確，我認為原因並不是出在洩天機上。

首先，我們來講講洩天機這件事吧！

我一直覺得，「洩天機」這三個字實在有點太過傲慢了！畢竟，根據一些線索推論出生命的軌跡是很正常的一件事——看得到的，就不會是天機；如果是天機，就算攤開來擺在你眼前，你也認不出來。

此外，西方也有一句話說：「一個被實現了的預言，就是一個失敗的預言。」如果老

note 34

既然有命盤的存在，當然就是要拿來看的啊！有本事洩天機、卻沒本事躲掉懲罰的人，未免也太弱了吧？會覺得自己算命本領太強而遭天妒的人，通常只是一種自我膨脹的妄想症罷了。

天爺讓你預先知道有何天災人禍，就是要你想辦法改變它，不然讓你知道是為了嚇唬你取樂嗎？如果你改變不了結果，那麼這個預言就等於白出現了。

不管東西方，算命算久了的人應該都知道：如果你可以從命盤、卦象或牌面看到危險，再怎麼危險也都有預防跟扭轉的機會；但如果是命中注定的，基本上你不會看到任何跡象，因為已經沒有轉圜的餘地了。

這並不是說命運無情，而是有時我們看來是災禍的事，其實有著更高的目的或更深一層的任務，我們沒有必要去干涉。

我自己也遇過好幾次類似的狀況：

有一次，我幫某位陌生的案主看命盤時，不管看幾次，都讀出相同的狀況——婚姻跟感情都不順。這也跟當事人自己的認知、還有過去的經驗完全符合，而且他不管找哪一位我們業界的朋友，看到的情形都跟我讀到的不謀而合，但是之後他做了心靈上的自我調整，參加很多心靈的研討會，整個人變得開朗明理，也更善於處理人情關係後，又再次來找我看流年命盤。

神奇的是，雖然擺在我眼前的是同樣一張本命盤，我也還記得上次我為這個人占星的結果，但是我眼中看到命盤中的各項細節，竟然在我腦中重新組成不同的劇情跟發展，我說出來的結果和上次完全不同，但他聽了之後認為非常符合自己的新狀況——擁有一段相知相惜的穩定感情（當然還有其他細節）。

老實說，我本來一直很懊惱，是不是我前一次忽略掉了什麼？明明兩次的解讀截然不同，但都是他「當時」分別正確的狀況沒錯呀！後來遇到類似的情況多了之後，我才了解到，從命盤或牌面上讀到的東西，不見得是你自己真正看到的，而是老天爺願意讓你看到的部分。我們再怎麼厲害，都有一定的權限範圍。

命運不能被改造，但是可以被重新詮釋；而最有詮釋資格的就是命盤的主人，也就是我們自己。

向低級靈偷看答案

那麼，在很多人的認知中，那些真的算得準，又帶三破的人是怎麼回事？我想，就算我自己的生活圈子內沒有那樣的人，但這些帶三破的算命師，還是會出現在一些特定族群的圈子內，所以才會讓跟他們接觸的人如此深信不疑。

note 35

「一個被實現了的預言，就是一個失敗的預言。」這話說得好啊！真的是天機，就算攤開來擺在眼前你都不一定會認出來；至於你看得到的，就是老天爺要讓你知道，讓你有機會去改變的，不然是故意要嚇你的嗎？既然是老天爺之意，就不會是天機了，所以，你不覺得「洩天機」這三個字有點太過於傲慢了嗎？

最早的可能性是，這些帶了三破的算命師，應該不純粹是運用命理、卜卦的術數，為了要求更精細準確，可能還用了通靈的方式。

針對這點，我是這麼認為的：如果你不是天生有什麼必要的作為，硬是長期接觸鬼神其實不是什麼好事——尤其真正靈格高的，沒事為什麼要來管人類升官發財、娶妻生子的日常瑣事呢？會被請來問事的，我並不認為會是多高層的神佛，在這種狀況下，通到低階靈的比例較大。

如果我們不要提到業力的部分，光是講到能量場，低級靈的頻率就非常差，就跟我們說手機的電磁波或是有害的放射線是差不多的意思，長期跟這些低頻率的能量體接觸，運氣不好、健康不好、家庭不和諧、親密關係不協調……，也就可以理解了。

只是，古早的算命範圍對人性沒有那麼重視，再怎麼算也是妻財子祿，不像現在來諮商的個案，比較重視內心真正的感覺和想法，也比較有「算命是為了找出問題根源加以解決」的常識，如果只是要問：「會不會發財？」「幾歲結婚？」這種一翻兩瞪眼，沒有什麼努力空間的答案，當然叫鬼神告訴你，比你辛辛苦苦地分析命盤快——只是，我還是得說這實在毫無建設性。我猜，「算命一定要會通靈的才算得準」這類說法，也是從這種觀念跟模式所流傳下來的。

與其算得準，不如在過程多助人

在東西方命理當中，被公認論斷現實狀況最精確、最準的，就是「鐵板神算」，一生只須算一次，可以把你幾歲做什麼事、父母子女兄弟姊妹配偶的狀況、生肖等種種細節講得一清二楚。

有沒有發現？這種純粹把命理術數發揮到極限的方式，就沒有什麼「三破」的疑慮，因為他們並不藉助鬼神的力量，自然也就不需要付出太大的代價。其實很多時候，通靈所得來的資料誤差還比鐵板神算大很多。此外，這兩者都沒有把人格和自由意志的條件加進去，就準度而言，其實差不多。

幾年之前，有一位女個案，她已經找我諮商許多年，唯有感情一直不如她預期。可能是覺得我給她的建議都太花心力了，有一天，她突然興匆匆地跑來跟我說，她要去香港算鐵板神算。

我聽了也很興奮，因為私下我也對那位算命師慕名已久，所以請她一定要把感想告訴我。另一方面，我心裡也很希望，這位鐵板神算可以幫她把心結處理掉，如此一來，這個case就可以結案了。

note 36

同一個命盤，常常會出現前後不同的解讀。事實上，從命盤或塔羅牌上讀到的東西，不見得是你自己真正看到的，而是老天爺願意讓你看到的部分，而我們再怎麼厲害，都有一定的權限範圍。

她去了香港的第二天，就迫不及待地從香港打國際電話回臺，敘述著鐵板神算多精準、多可怕，連她的職業、父母生肖、幾歲的重要事件都算得一點不差！就連跟她正在曖昧中的對象的職業跟名字中有哪些要點也都講得很正確。

「那實在是太好了！」我在心中想著：「她一定有好好請教過大師究竟該怎麼走出目前的困境。」

一定的，不是嗎？

但意外的是，她回到臺灣過了一陣子後，又打電話來預約諮商，我嚇了一跳，問她：「大師不是應該都跟妳說得很清楚了嗎？他連妳的家庭狀況跟對方的職業、生肖都知道，還有什麼解決不了的？他沒給妳建議嗎？」

「給了，建議只有三個字──『要主動』。」我一聽愣住了，「主動」這兩個字會不會太籠統了一點？你要知道對方在想什麼、要知道主動的頻率應該有什麼分寸、要知道他缺乏了什麼又想要什麼……，這樣才會知道要怎麼主動，最重要的是，你要知道自己真正要的是什麼。

「他就只是反覆一直說『要主動』，講到後來，好像還有嫌我太驕傲的意思。」怎麼又來了？我最討厭很多江湖術士的一點，就是在他無法解決你的問題時，就乾脆開始數落你的缺點，講得好像無法改變或改善，並不是因為他不能提供有建設性的意見，都是因為你太笨、太固執。

當然，有時候的情況的確是如此，但在我的認知中，你可以因為累了、因為受對方影響情緒，而拒絕再接這個人的case，命理師也是人，也有自己的選擇權；但是你無權要他一定得聽你的話而改變。

一位命理師動不動就數落人，往往就讓我覺得這是一個「沒本事又要自我保護」的反應；但由此事看來，原來就算占算功力再強，沒辦法處理問題的人，也會來這一招。命理師幫不幫得了案主，還得看緣分，我們不一定能處理個案的問題，那是他的業力、他的功課，我們只是推手而已。但是，如果沒辦法處理，就坦白說沒辦法就好了——對方有他自己的緣分，也許我們只能推他這一段路，下一段路就換別人來推——沒啥好丟臉的，為什麼一定要把自己的面子看得比你的職業道德重要呢？

最後，她淡淡地表示說：「我覺得還是找妳聊聊好了，雖然妳算的結果並不是我所想要聽的答案。」（她希望可以盡快跟目前這個對象交往，但是，我建議的方向是讓她「擁

note 37

有些帶三破的算命師，可能是為了要求算得更精細、更準，而同時採用通靈的方式，只不過，長期接觸鬼神並不是什麼好事——尤其你通到低階靈的機會比較大，而長期跟這些低頻率的能量體接觸，就跟接觸電磁波、有害放射線一樣，難怪容易運氣不好、健康不好、家庭不和諧、親密關係不協調……。

有一段好品質的感情」，這兩者似同實異，我們彼此努力的方向不太一樣，而我又不願意妥協。）

她接著又說，「至少妳會告訴我為什麼得不到？為什麼沒進展？他的想法跟我的盲點又是什麼？戀愛就算談不成，至少我知道經歷了什麼事。」

因此，我不喜歡結論式的準，因為我看不出這對當事人的自我認知有什麼幫助，這種準只是要幫人偷懶罷了。

所以，純算命也就算了，如果為了要看到這種所謂「準確」的未來而去接觸鬼神，基本上助人的效果也不會太大，被低頻率鬼神振動拖累下場還會更慘，難怪會有「三破」了——不是洩不洩天機的問題，而是你花這麼大的力氣做一些沒建設性的事，長期下來健康、人際跟運勢都被消耗殆盡，這是可預見的結果。

當個正面的命理師

那如果不是這種狀況呢？有些人真的慈悲為懷，可能不僅是諮商，還有治療師的身分，也沒有接觸低頻率鬼神的呢？

這種人看起來，真的像是為了背負他人的業障，而把自己的福分都消耗掉了耶！

抱歉，我還是不覺得。

從我研究的方向，加上自身的經歷，我相信的是物以類聚，什麼樣的命理師、占卜師，就會引來什麼樣的個案；同樣的，什麼樣的人，就會找上什麼樣的老師。

就我個人的經驗而言，如果你能夠幫助更多人認清他自己，解開他的心結，讓他有更大的勇氣走上自己的人生道路，那麼你自己也應該會跟著有所提升才對，怎麼會反而會變得落魄又不快樂呢？在我接觸的業界同行當中，愈是自己過得豐盛快樂的人，才愈有能力去幫助他人。而且這種幫助，是讓個案更有勇氣獨立、解決問題，然後不會繼續困在自己的情緒牢籠裡。

若你為了幫助人而消耗了自己的能量、擾亂了自己的情緒，請記得我們永遠是在反映他人，外界也反映了我們；如果我們讓個案提升，那麼我們自己也應該要提升才對。如果你倒楣，那麼可能是你造成了對方的阻礙。

所以，你必須要仔細的檢視，除了準或不準之外，你是否真的對你的個案有正面的幫助？

如果他們可以不斷地從你的身上掠奪能量，那麼你很可能只想當好人，反而養成了對方對你的依賴性；或是陶醉在自己為了眾生捨棄福分的感覺當中，所以才會老是在消耗自己的

note 38

命理師並不一定能處理個案的問題，因為這是案主的業力和功課，命理師只是一個推手，在算命的過程中，幫助當事人的自我認知——如果幫不了就幫不了，坦白說就成了，沒有什麼好丟臉的，因為這本來就得看緣分！

能量，餵養他們的黑洞⋯⋯。在這樣的錯誤認知之下，要變成「三破」也是一個非常自然的結果。

要知道，自己創造出來的想像，往往比外來的東西，破壞性要來得大多了。

note 39

人啊！愈是過得豐盛快樂，才會愈有能力去幫助他人啊！我看過的命理師也是這樣的，而且這種命理師所能給予的幫助，會讓個案更有勇氣獨立、解決問題，不再困在情緒牢籠裡。

7 算命要算得準，多少要有點通靈能力？

Q 如有一些知名人士說，算命要算得很精準，一定多少要有點通靈能力才能做到；如果我沒有通靈能力或第六感，是不是就沒辦法學命理了？而沒有通靈能力的算命師，是不是就沒有向他求教的必要？

A ①那要先看看你對於「準」的定義是什麼？

②接著，我們再來討論命理能看到多深多廣的範圍？而通靈收到的資料是哪裡來的？

關於準的定義到底是什麼？「市場」上大部分的命相師，十之八九都是冒牌或學藝不精者居多（這是依我尚未接觸任何跟神祕學有關時，以一名客人的身分得到的心得）。他們能夠算得出來所謂的「準」，也不外乎就是：「這輩子你會失敗四次。」「這個對象不好。」「你今年的財運還不錯，會有偏財。」但是卻未告訴你詳細的狀況跟內容，所以就有兩種可能：一種就是狀況真的如他所說，有明確的好或是不好，只是他比較不善於形容，而你的要求也不高的話，那當然就夠讓人驚呼很準了。

什麼叫做「準」？

我在沒有深入了解命盤、卦象、塔羅牌可以告訴我們多麼精細的線索之前，也是只要「是」與「否」的方向對了，就會覺得準到嚇死人；或是只要一個籠統的輪廓說對了，就覺得很不可思議。另外一種，就是你覺得狀況好像跟他講的不太符合，但不管你怎麼質疑，他都有本事把你講的情形拗到他所說的範圍內，這就是所謂的江湖術士——要知道，「好」跟「不好」是沒個標準的！不幸的是，這兩者通常很難區分。舉例來說，朋友家一個二十幾歲的兒子，個性乖僻，雖聰明卻任性到了極點，高中念了好幾間學校還畢不了業。加上父母管教方式太過溺愛，因此稍有不如意就亂發脾氣，甚至有幾次情緒失控而自殘的紀錄。

後來他的長輩們聽說某座山上有一位神準無比的老和尚，用的是比較接近通靈的方式，幾位家長就一同前往拜訪，下山後直呼精準。

我很好奇地問：「怎麼個準法呢？」

這些大人們爭先告訴我：「真的是很準，他看到命盤就好像看到本人一樣哪！和尚一看到孩子的姓名，馬上搖頭說：『這孩子像個猴子一樣，完全穩定不下來，怪想法很多，很不乖、很麻煩呀！』」

我問：「那他說什麼呢？」

大人接著回答我：「說要修身養性啦！不然會很麻煩。」

接下來呢？沒啦！就這樣，反正就是很麻煩，要想辦法管教，最好讓他抄經什麼的看會不會乖一點。很好，問題來了。這樣準不準？應該算準，因為他講的就像是目睹到實際狀況後的判斷，聽起來方向是正確的。但是「穩定不下來」、「怪想法很多」這種形容詞，就我個人的標準是不夠明確的說法，範圍跟想像空間太大了。

我覺得更好的說法是「他的安全感不是很夠，所以對外人很保守、寡言，但是在親人面前就很難控制自己的情緒。」或「他因為注意力很難集中，太容易因為新事物而狂熱，所以身旁的人無法理解他下一秒會被什麼事情吸引住，又會用什麼樣的方式投入，也無法預料他會對什麼樣的事有激烈反彈，因此覺得他是一個很難管教的孩子。」諸如此類。

我不贊成用批判或單純的對錯觀念（例如說「這個小孩子就是不乖」）來論定命主——凡事一定有它的原因，任何再難纏的狀況，一定有它可以追溯的起源，而這個起源就是解決之道的根本。你要知道他不乖的根本原因，才會知道要怎麼引導他處理自己的情緒。

其實不要太苛求的話，可以講到大致方向正確，已經是很不可思議的事了；但我認為占卜跟命理，不管準確度到達多少，最重要的是它能帶來什麼樣的建設性。如果缺乏建設性，那麼在我眼裡看來，不論準不準，講的都是廢話。

note 40

凡事一定有它的原因，任何再難纏的狀況，一定有它可以追溯的起源，而這個起源就是解決之道的根本——命理光求準不準是不夠了，更重要的還是它能帶來什麼樣的建設性，否則準不準，都是廢話！

命理的建設性

你覺得老和尚描述得很準嗎？不過，他卻沒有說出，造成這個孩子難以駕馭的原因可能是哪些？這種個性一定就是缺點嗎？有沒有其他可以引導的方向呢？修身養性是一個有建設性的答案嗎？家長知道要怎麼樣幫小孩子修身養性嗎？萬一在他們的理解中，修身養性就等同於「禁絕所有的娛樂跟活動」或是「降低他對周圍事物的熱情」，那該怎麼辦？此外，「很麻煩」這個結論，完全是站在家長跟外人的觀點來看的，並沒有考慮到孩子本身的狀況和問題根源。要知道，社會上大多數的人，對每一個名詞的認知都不夠清楚，就像有人會把「愛」解讀為「控制」跟「占有」一樣，身為提供解決意見的人，怎麼能隨隨便便、三言兩語就給一個粗糙的建議？

對我來說，如果無法描繪出一種性格或某個狀況的「立體性」，或者只說中一小部分，那就不能算是很準，因為這樣無法提供當事人解決困擾所需要的詳細資料。當然，這個「不準」有可能是因為命理功力的問題，但也可能單純是表達能力不足，本身的占算功力是夠的，但是算命是一種類似諮商的工作，如果表達能力、溝通能力不夠，就算有再多智慧，也無法傳達給個案，幫助他做出更好的決定。

因此我認為，「準」這件事，除了你要看得清楚之外，也要說得夠清楚、夠切中核心要害，還要能看出當事人看不到的角度跟細節，那才能算是準。否則光是講一些似是而非，模糊的敘述，且範圍不脫離當事人自己就已經知曉的狀況，那他何必要付錢請你把他已經知道的狀況再說一次呢？

我認為，「準」除了要看得清楚、看出當事人注意不到的角度和細節之外，也要能清楚、切中核心地表達出你所發現的問題，才能提供當事人解決困擾所需要的詳細資料！

通靈也是一種「翻譯」

那麼，命理能看到多深多廣的範圍？而通靈收到的資料是哪裡來的？

如果要直接破題，回覆「一個好的命理師、占卜師，一定需要具備通靈能力嗎？」這樣的問題，我會回答：「諸葛亮、劉伯溫這一類的神算，用的是通靈能力嗎？」

命理是一組數字、一個方程式，帶有推論的成分，可以看出大局，但是要看到細節，必須擁有非常細膩的整合跟組織能力。解讀命盤的過程，比較像是福爾摩斯在解讀他看到的一切線索；線索本身是固定的，就像福爾摩斯看到的東西，其實都呈現在每個人的面前，但是看得到看不到，就要視每個人的細心程度跟推理能力了。

note 41

命理師這份工作很類似諮商，身為提供建議的那一方，怎麼能夠三言兩語就給出一個粗糙的建議呢？我認為，「準」除了要看得清楚、看出當事人注意不到的角度和細節之外，也要能清楚、切中核心地表達出你所發現的問題，才能提供當事人解決困擾所需要的詳細資料！

所以我常說，不是占星不準、八字不準或紫微斗數不準，命盤都是一樣的，準跟不準的都是人。當然，本身帶有通靈能力的人，因為可以接收到一些額外的訊息，資料一多，比起整合能力不好的命理師，會比較容易看到「畫面」，給當事人一種臨場感，對於解讀命主的問題跟狀況有幫助，是一種加強的效果，但是並非必要條件。

以前我剛接觸占星跟塔羅牌時，也常有人告訴我：「妳一定要有第六感或是靈通，解命盤或讀牌才會準。」但我不是很在意，因為神通能力不能強求，每個人的因緣跟開竅的時間點都不同，我會順著天意。而且我相信，命理既然是一門獨立的學問，那麼它就一定是完整的！如果沒有通靈能力，命盤跟卜卦就不準，那這門學問也沒辦法流傳幾千年，非要藉助其他能力才能顯現功力，就等於這是一門殘缺的學問。這點，其實只要有一般的常識，就可以想得出來了，也幸好我沒有相信這種偏頗的論點，而硬要往不適合的方向去強求。

算命跟通靈相似的地方，在於不管是命理師或是靈媒，都是一個翻譯者的角色。

人生藍圖解讀大不同

命理師面對的是命盤，上面有著我們人生的藍圖，是一個大方向的生命面貌、輪廓，是從一個宏觀的角度讀取生命每一個階段的起落。命理的好處是它是固定的，只要按圖索驥，或深或淺都可以講出一個大概，而且有邏輯性跟全面性在內。

命理師本身的情緒或是身體狀況，對解讀能力的影響有限；只要本身功力夠，不管精神狀況、身體狀況如何，都能有一定的準確程度。缺點就是功力不夠深的人，又加上本身的人生經歷不夠豐富，就很難推敲出命主真正遇到的狀況，自然比較難取信於人。沒辦法，人生的面貌有太多種了，同樣的起伏跟節奏，就可以有千萬種不同的劇情。有一句話說得很好：「人永遠沒有辦法認出自己認知範圍外的事物。」

通靈人面對的是訊息（包括畫面、語音、直覺），讀取到的是生命中某一個切片的細節，有時訊息非常明確，有時卻很模糊，所以通靈人本身的體質跟當天的健康狀況、情緒，都會影響通靈的品質。

如果是一次好的通靈，優點是因為畫面跟訊息明確，可以取得很大的信任度，而且不用絞盡腦汁就能做出最合理的詮釋；但因為接收到的訊息大多是片斷性的，有時需要補充的地方很多，很難不帶進個人意見主觀的認定。另外我也看過許多的例子是，有些通靈人一開始接收到高頻率的靈，這些訊息都非常正面且善意，但久而久之可能心不正了，或身體濁氣多了，高等靈離他遠去，低級靈被吸引過來，而通靈人可能渾然不覺，繼續傳達訊息、發揮影響力，造成負面影響的層面會很大。

我曾經在新聞上看過一則訪談，一位藝人說有通靈者看到她在某年某月某日結婚，非常斬釘截鐵，結果到了那一天，她並沒有結婚，而是在拍一場婚紗的戲。在這樣的案例中，通靈人看到的畫面是正確的，但是卻很難解讀，而你要看到多大的畫面，通常不是自己可以決定的，要看給你訊息的靈有多大的本事，祂抱的企圖是什麼而定。

命盤或卦象就是一個公式，沒有意圖或是目的。但我們去通的靈，不管等級多高，總會有祂的意識跟角度，事實上是很難完全客觀的。

看重點，而不是看劇情

再舉個例子，在我的課程項目中，有一門短期課程是針對特殊需求而開設的：用塔羅牌解讀前世今生。在宣傳課程時，最常遇到的問題就是：「塔羅牌上所看到的前世今生，跟通靈或催眠所得到的資料有什麼不同點？」我覺得其實差異性是很大的！目前用通靈或是催眠下所得到的前世資料，大多是以「劇情」為主，當事人在並不明白該怎麼看待生命旅途時，往往很容易把重點錯放到劇情上面去。也許催眠師或是通靈人會給你一些建議，但這些建議通常也是以他們個人的角度來看的，不見得是這場人生功課的真正目的。

很多去找尋前世資料的人，會對他的命運做出錯誤的詮釋或是自我安慰，不然就是把重點擺在自己前世是名人、將軍、公主上面，但這些都不是真正重要的。塔羅牌正因為是大範圍的輪廓，很容易看到你生命的軌跡，你可以知道你前世帶來的障礙為何，而現在的你該採取什麼樣的心態跟作為，沒有多餘的劇情來干擾你，就可以很輕易地看到重點。

例如一名婦人看到她自己的前世殺了現在的子女，今生變成親子再相聚，人的內心小劇場會產生許多不必要的情緒，有愧疚、懼怕甚至是逃避，但也許子女並非來找她討債或報仇的。從塔羅牌來看，可以很清楚地告訴你，要你放下罪惡感，跟前世的債主找出最好的解決之道，甚至告訴你該走的第一步路為何。也因為沒有畫面的臨場感，就不會被故事或價值觀干擾你當下應該做的功課（例如我真是個壞人、我注定欠他而不能反抗，或是沒望了，只能還完債等下輩子），我只會告訴你，就積極面來說，你現在應該採取的行動跟心態為何。

簡單地說，如果我們想了解一棟建築物，命盤或卦象（牌面）上所顯現的，等於是建築物結構藍圖和建材清單，我們知道每一個細節跟施工流程後，必須自己可以想像出完成的建築，會是什麼樣子的。好處是因為有細節，我們可以掌握更多這棟建築物除了外貌以外的功能、內部狀況，例如逃生門在哪裡、防震措施是否安全、建材的品牌是否可靠……等等。如果是通靈上看到的，可能是建築物呈現出的外觀、地點、住戶品質，但是比較難全面性地了解這棟建築專業部分的優缺點、工法，還有其他看不到的地方。

至於要找什麼樣的通靈人或命理師，其實物以類聚，你會找到的就是跟你性質符合的。硬要說個標準，我認為有正面跟支持的力量，不隨意批判當事人、不嚇唬你、不以教訓人為樂，是基本應該要有的品行，畢竟要去求助命理跟通靈的人，必然是有麻煩或脆弱之處；被稱之為「老師」，心性只要一偏，很難抗拒利用人心的弱點來掌控人或滿足自己的權威感；只關心自己算得準不準、你佩不佩服他，卻不把眼光放在你要面對的狀況，就不是好老師。

另一方面，命理師則必須自知，我們只是解讀訊息的人，卻不見得有夠高的智慧跟境界，也不能夠代替當事人去決定要怎樣面對自己的人生。

note 42

命盤、卦象或牌面顯現的，就像是建築物結構藍圖和建材清單，可以看到每一個細節跟施工流程，但必須自己想像出完成的建築模樣；通靈則能看出建築物的外觀、地點、住戶品質。

8 命理對決東西軍，哪一方比較強？

Q 西洋占星學只有十二個星座，塔羅牌也只是圖畫而已，沒有什麼深刻的學問，東方的命理才有組織完成的架構，才稱得上是學問，西洋術數比較像是趣味性的，根本不會有多準。這種說法對不對？

A 這個問題問得非常好，因為我小時候就已經發現，這個問題早就根深柢固地扎在每個人的腦袋裡了，包括從前的我在內。

所以囉！今天就讓我們好好討論，究竟是西洋術數比較強，還是東方命理有學問吧！

螺絲起子跟老虎鉗

針對這個問題，我直接用一個事實當作破題，那就是：會這樣認為的人有兩種，第一種完全不懂命理，憑一般大眾通俗的觀點來猜測，也不能苛責他們，畢竟東方命理書用字遣詞文言文一堆，看起來一副很有學問的樣子，而很多星座書都是賣給國小、國中生的，兩者相比，高下立判。第二種是只懂東方命理，對西方命理的了解停留在電視節目、流行雜誌上的粗淺印象，因為不了解而產生的不認同。

而不認同這句話的人也有兩種：一種是鑽研西方神祕學，對東方的術數認識不深，但是對西方的命理學結構有一定的認知，知道它們的複雜度及深度；第二種人是對東西方命理皆有涉獵，甚至在兩者的領域都到達一定的專業水準，因此知道東西方術數的深度跟細膩度，是各擅勝場的。

這就像螺絲起子跟老虎鉗是不同的，所以也會在不同的地方派上用場，但是並非一定得在什麼狀況下用什麼工具。

人是活的，工具是死的。如果能力夠強，就可以像馬蓋先一樣一把瑞士刀走天下（完了，透露自己的年齡了），也有人喜歡多種工具融會貫通綜合應用。對於每個人的喜好跟傾向，我一點意見都沒有。

note 43

東西方術數的深度跟細膩度，各擅勝場。就像螺絲起子跟老虎鉗是不同的，所以也會在不同的地方派上用場。人是活的，工具是死的！只要能力夠強，就可以像馬蓋先一樣一把瑞士刀走天下，也有人喜歡多種工具融會貫通綜合應用。

我的課程中，有不少學員本身就是東方命理師，甚至也有幾位已經是講師級的人物，也許一開始還有點疑慮，但是後來都發現，在占星、塔羅牌的課堂上，他們還是可以經由西方的占卜，對同一位案主有不少新的切入角度、可以發掘新的視野，占星可以看到很多八字、紫微斗數中沒有包含的部分，也對占星跟塔羅牌的精細程度非常讚歎，我相信反之亦然。會看不起西洋來的術數的，都是外行人居多。

西洋占星更精細

臺灣一般大眾會有「東方命理才是正統」這種想法也無可厚非，畢竟五行、生肖、合八字等已經變成我們的生活文化，與我們息息相關了。我們也已經熟知八字、紫微斗數、易經等等的運作模式，甚至也知道這些學問的神奇之處跟不足之處各在哪裡。對於一個熟悉的東西，我們就更可以推測得出它的深度有多少，就算我們還沒到達那個深度，也猜想得到。

西洋來的東西就不一樣了，因為「愈通俗的東西就愈容易被大眾接受」已經是一種定律，雖然真正的西洋占星命盤細膩複雜，比起紫微斗數更是有過之而無不及，但是複雜的東西沒有辦法在短短的時間內廣為人知，因此最初要把西洋占星概念介紹給大家的人，就只能從最簡單的十二星座開始講起了！

但是，簡化成十二星座談雖然簡單易懂，在年輕人當中容易引起話題，然而只要稍微想深一點就可以知道——「全世界幾十億人口，怎麼可能只有十二種個性呢？」（關於這部分，可以參考拙作《十二星座都是騙人的》）

一樣簡單的東西，背後一定有更深的基礎來源，但是不想深究的人，就會直接把十二星座學貼上「這東西也不過就是如此嘛」的標籤。

不過，凡事在一開始本來就要經歷這種階段，由淺而深，這也是沒辦法的事。

西洋的占星術是很精細的，要排出一張出生盤，必須要有年、月、日，甚至到時跟分的數字，另外我們必須要知道案主出生地點的經緯度，才能精確地知道你的出生盤，東方的八字跟紫微斗數命盤是兩小時換一個盤，西洋占星則是有度數上的定位，每隔四分鐘換一度，也可以說是換了一個盤，最多只能接受十五分鐘的誤差。

中西神祕學大評比

紫微斗數跟西洋占星同為占星學，相同的地方是，兩者的命盤都分為十二宮，都有相位，都有主星座落於不同的宮位、形成多種相位。不同的地方是，西洋占星的十二宮，宮頭又會落入十二星座，且排序大多跟宮位不盡相同，因此，占星學不但要考慮宮內的星，也要考慮宮頭落入的星座，以及該星座的守護星代表的意義。

東方有五行的配置變化，西洋占星的元素是四元素及三態宮的搭配，所以光是就複雜度來說，西洋占星一點也不會輸給紫微斗數。

只要邏輯性夠完整，變化度夠，不管是東方還是西方的占術，都可以推算出極為精細的命運軌道。

而心理學是在西方發跡的，西洋占星盤上，對於人格的描繪以及內心情緒的面貌，只要占星師的經驗跟掌握度夠，是可以把一個人的細節架構到栩栩如生，這一點是西洋占星師引以為傲的地方。

當然，也有很多同時涉足東西方命理的研究者，表示就八字跟紫微斗數上可以看到的人格特質，的確是籠統了一點，這一點西洋占星較為細膩。

然而，就我個人的觀點而言，我相信八字跟紫微斗數對於人格的描寫，應該也是可以很精細的，只要它是一門完整的學問，就應該有整體性。

之所以顯得籠統些，問題可能就出在於民族性，西方重視個人化，所以會就這個角度多加探索，自然流傳下來的線索也較為精細，東方一向重視整體性，一個人在社會中的價值，都是從「妻、財、子、祿」中去彰顯的，當然對於人的內心世界比較沒有那麼注重，也不會有太多的參考資料流傳下來了。

而東方對於神祕學的知識，一般都是家傳或祕傳，所以各門派說法都各擁山頭，很難去客觀驗證誰是誰非，也很難互相切磋融合，在不透明的狀況下，要遇到好的命理師或老師，完全就看你的運氣，或者看你跟誰比較有緣分。厲害的就近乎神人，但被騙被唬的，也很難在短時間內發現他的不足。

西方神祕學則是比較被當成一門學問來看待，交流跟研討的機會較多，所以占星師的功力或是特色，很容易觀察，能不能在業界中立足也有一個客觀的依據。所以我認為東方命理師功力高跟低的，差距會非常大，西洋占星師的素質則比較平均。

就易經跟塔羅牌來說，易經有八八六十四卦，每一個卦象還會有爻變產生，精細度頗高；塔羅牌則是有七十八張，依牌陣跟問題不同，把不同的牌組合在一起，也可以產生出無窮的變化跟面貌，都是變化性跟細膩度頗高的工具。

兩者的不同是，易經可以依五行的屬性，推測出時間性，塔羅牌在預測時間點方面就比較弱些——雖然坊間也有流傳一些用塔羅牌來斷定時間點的占卜方式，但就我跟其他同行的朋友實驗的結果來看，並不太理想，所以必須先設定好一個確切的時間範圍，才能去找出時間點。

當然，這兩者的不同點不止於此，只是礙於篇幅有限，只好拿最顯而易見的應用部分來說了。

人是最重要的關鍵

用我一位學員的話來說：「紫微斗數看本命很準，八字則是大運準，若要看細節跟詳

note 44

西洋占星盤上，對於人格的描繪和內心情緒的面貌，相當細膩；八字跟紫微斗數比較少看到人格特質——這是源於民族性的差異，西方重視個人化、內心世界，而東方則比較重視整體性，一個人在社會中的價值，都是從「妻、財、子、祿」中去彰顯的。

細狀況，還是西洋占星精確。」當然，這是她個人的應用跟想法（學習、教授八字跟紫微斗數二十多年，西洋占星資歷則是三年左右）。

每個人的感受性跟掌握事情的重點都不同，不管是什麼樣的命理跟卜卦，都是一種工具，工具沒有絕對的好不好，只有稱不稱手的問題。如果一樣工具在你手上使用得很爛，那麼第一可能是你不熟悉它，第二可能就是你的工作習慣、身體結構不適合使用這項工具，但並不代表別人也沒辦法使用它。

我對八字的掌握度始終沒辦法像占星一樣清楚，同樣一張八字盤在我手上，我解讀得亂七八糟，但我舅舅、爸爸就可以在很短的時間內掌握住案主的確切狀況。

如果今天你是拿八字盤給我解讀，聽完後大概會搖頭嘆息，覺得八字命理怎麼會這麼七零八落？還不如聽我講西洋占星命盤來得詳細又準確，因此，你得到的結論可能是八字差、不準。

相對來說，若是換了我爸爸上陣，可能拿著八字盤他可以滔滔不絕、知無不言，但是換拿一張占星命盤，他或許就要結結巴巴，同樣的，你也不能夠因此就斷定西洋占星比八字差、不準。

所以，每當有人問我這個問題的時候，我的標準答案一直都是：「都很準，準法不同而已。」如果對方繼續追問：「可是上次我去算八字／占星，他講得一點都不準！」

我就會更直接地說：「不準的是那個人，跟盤無關，盤是一樣的，為什麼有人可以解得準，他卻解不準？」

老話一句，在解讀命盤時，最重要的還是人的詮釋，不然命盤也只是一張滿滿的線索而已，並沒有現成的答案在上面。

note 45

不管是中西哪種命理學，都是一種工具。工具沒有絕對的好不好，只有稱不稱手的問題。如果一樣工具在你手上使用得很爛，那麼第一可能是你不熟悉它，第二可能就是你的工作習慣、身體結構不適合使用這項工具，但並不代表別人也沒辦法使用它。

算命，和你想的不一樣！

算命，和你想的不一樣！